RAD
VERGNÜGEN
in und um
BERLIN

21 ½ TAGESTOUREN
FEIERABEND-RIDES
WOCHENEND-BIKEAWAYS

W0048194

EINFACH RAUS!

JULIANE SCHUMACHER

ist eine echte Berlinerin und erkundet ihre Heimat seit Jahren mit dem Fahrrad. Seit 2014 bloggt sie auf radelmaedchen.de über „Das Fahrrad, die Groß- stadt und das Drumherum" und dokumentiert ihre Ent- wicklung vom Radpendeln über die Faltradliebe bis zur Schottersehnsucht beim Bikepacking. Am liebsten ist die Bloggerin und freie Autorin aktuell auf dem Gravelbike unterwegs und entdeckt damit Branden- burg und die weniger bekannten Radregionen Deutschlands.

Register

LIEBE LESERIN, LIEBER LESER,

obwohl die deutsche Hauptstadt vieles ist, nur auf den ersten Blick keine Fahrradstadt, bin ich als gebürtige Berlinerin gern hier mit dem Rad unterwegs. Ich möchte dich in diesem vielfältigen Tourenbuch auf entspannten Feierabendrunden, abwechslungsreichen Tagestouren und Wochenenderlebnissen zu meinen schönsten Plätzen mitnehmen. Dabei wirst du einmalige Orte, traumhafte Naturschutzgebiete und versteckte Sehenswürdigkeiten entdecken. Nicht selten vergisst man dabei, sich in einer Großstadt zu befinden, um im nächsten Moment die volle Dosis urbaner Vielfalt zu erleben.

Häufig geht es über die Stadtgrenzen hinaus in das waldreiche Brandenburg mit seinen zahlreichen Naturschutzgebieten, möglichst abseits des Straßenverkehrs auf herrlich ausgebauten Radwegen und gut fahrbaren Wald- und Schotterböden. Der Fokus liegt auf Wegen, die mit dem Trekkingrad problemlos zu meistern sind – und falls es doch kurz herausfordernder wird, gibt es dazu in der Tourenbeschreibung einen Hinweis.

Die regional verteilten Rund- und Streckentouren sind an die öffentlichen Verkehrsmittel angebunden und ermöglichen so ein unkompliziertes Kennenlernen der Region – egal, wo du gerade bist. Auch die nötigen Pausen sind mit eingeplant, denn am Ende geht es in diesem Buch vor allem um Genuss: am Radfahren, Entdecken – und Kuchen oder Eis essen!

INHALT

ALLES AUF EINEN BLICK

DEINE ORIENTIERUNG

APP & GPX-DOWNLOAD

Alle 21 ½ Touren in der KOMPASS App: Dort findest du Livetracking, GPS-Ortung, Offline-Karten und -Touren, Navigation zum Start und viele weitere nützliche Features. Einfach QR-Code scannen und Tour starten. Oder den Menüpunkt *Produkte* in der App wählen. Los geht's!

KOMPASS

GPX-Tracks zum Download: www.kompass.de/gpx
Für das Navigationsgerät deiner Wahl haben wir alle Touren auch als GPX-Track auf unserer Homepage.

AUFGESATTELT!

Einlesen, aufsteigen, losfahren // Seite 225–240

Nützliches und unnützes Wissen für deine nächste Fahrradtour

FEIERABEND-RIDES

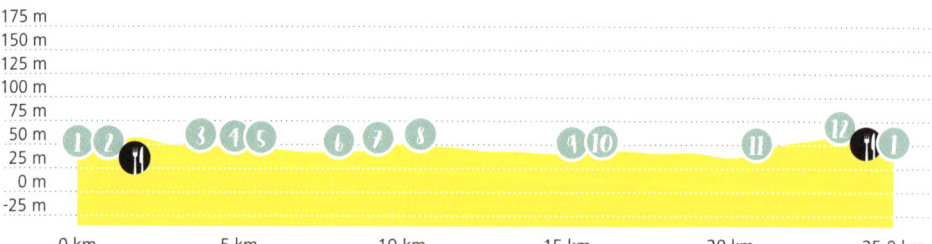

URBANE GESCHICHTE

Diese Tour ist für mich die perfekte Kombination aus Erinnerung an die lebhafte Berliner Geschichte und Entspannung in der Großstadt dank zahlreicher Parks.

➤ **1 /** Start und Ziel im Stadtpark nahe der Ringbahn: Ernst-Thälmann-Park

➤ **2 /** Für Radfreunde ein toller Caféstopp: Café Silberling im Prenzlberg

➤ **3 /** Ein lebendiger Ort, der früher teilte und heute vereint: der Mauerpark

➤ **4 /** Die Fuß- und Radbrücke Schwedter Steg bietet tolle Ausblicke

➤ **5 /** Die Japanische Kirschblütenallee lockt mit einmaliger Blütenpracht

➤ **6 /** Prachtvolle Rosengärten und ein Biergarten im Bürgerpark Pankow

➤ **7 /** Wild und gepflegt zugleich: das LSG Schönholzer Heide

➤ **8 /** Imposante Anlage des Sowjetischen Ehrenmals

➤ **9 /** Perfektes Ausflugsziel für die Familie, der Kinderbauernhof Pinke Panke

➤ **10 /** Der urbane Teil des Pankeradweg ist vielfältig und sehenswert

➤ **11 /** Auf den Spuren der Berliner Teilung an der Gedenkstätte Berliner Mauer

➤ **12 /** Herzhafte und süße Gaumenfreuden aus Hefe bei häppies

VON MAUERN UND GÄRTEN

Auf historischen Spuren *durch* Berlins Norden

Unsere historisch angehauchte Tour durch den Berliner Norden lässt uns an ein prägendes Stück Berliner Geschichte erinnern, verwöhnt mit entspannten Pausenstopps und viel Natur mitten in der Stadt.

Start, Pause, Start

Wir starten am 1 / Ernst-Thälmann-Park im Bezirk Prenzlauer Berg. Über den Radstreifen der Greifswalder Straße rollen wir zunächst nach Süden und machen einen kleinen Abstecher ins Winsviertel, wo wir uns noch einen guten Kaffee und vielleicht sogar eine kleine Stärkung gönnen. Dafür eignet sich das fahrradaffine 2 / Café Silberling (Mi–Fr 11–17, Sa–So 10–17 Uhr, Öffnungszeiten variieren, Christburger Str. 13, 10405 Berlin, silberling.cc). Jetzt kann es losgehen. Wir wechseln den Kiez und radeln über Nebenstraßen nach Westen in den lebhaften Kollwitzkiez und schließlich nach rechts über die Schwedter Straße nach Norden. So kommen wir direkt auf einen wichtigen Ort Berliner Geschichte zu: den 3 / Mauerpark. Früher war hier die Stadt durch die Berliner Mauer geteilt, heute ist es ein lebendiger Park, an dem sich Menschen treffen, Musik zu hören ist

25 Kilometer
35 Höhenmeter
2 Stunden
Rundtour

CHARAKTER
Sportlich ●●○○○
Abkühlung ●●○○○
Schlemmen ●●●●○
Panorama ●●●●○

◄ links / Im Rosengarten des Bürgerparks Pankow

und Künstler ihr Talent zeigen. Die Route führt auf dem Mauerweg einmal längs durch den Park und verlässt ihn an der Gleimstraße.

Panoramablick und Kirschblüten-Romantik

Es geht an Kirschbäumen vorbei weiter geradeaus bis zur sehenswerten Stahlbrücke 4 / Schwedter Steg, die nur für Zufußgehende und Radfahrende freigegeben ist. Sie überspannt die Bahngleise des Berliner Nordrings seit Ende der 90er Jahre. Hier lohnt es sich zurückzuschauen und das einmalige Fernsehturm-Panorama zu genießen. Weiter geht es nach rechts und die Brücke hinunter. Nach einigen hundert Metern gelangen wir zum Fuß der Bornholmer Brücke mit der Mauer-Gedenkstätte oben an der Bornholmer Straße. Auf dem folgenden Abschnitt des Mauerweges werden wir mit einem lebendigen Kontrast zur vorherigen Beton-Dramatik überrascht. Hier erblüht im April/Mai die traumhafte 5 / Japanische Kirschblütenallee in voller Pracht und wir können auf knapp 500 m unter einem Dach von rosa blühenden Kirschbäumen radeln. Einmal tief durchatmen und staunen, bitte!

MAUERFALL

Der erste offene Grenzübergang befindet sich an der Bornholmer Straße. Heute erinnern dort Bilder, Infotafeln und Mauersegmente an das historische Ereignis.

Wo rote Rosen blühen

Die Route führt nach links unter den Gleisen hindurch und weiter nach Norden vorbei am S-Bahnhof Wollankestraße Kurz darauf liegt der seit 1907 öffentlich zugängliche, 12 ha große 6 / Bürgerpark Pankow vor uns. Zum entspannten Verweilen laden der herrliche Rosengarten mit einem prunkvollen Säulengang und der daneben liegende Biergarten (So–Do 11–19, Fr–Sa 11–20 Uhr, Wilhelm-Kuhr-Str., 13187 Berlin, rosengarten-pankow.de) ein. Wir verlassen den Park und rollen über die Heinrich-Mann-Straße weiter nach Nordwesten auf das nächste Grün zu. Seit 2014 gilt der kleine Stadtwald der 7 / Schönholzer Heide als Landschaftsschutzgebiet.

➤ **rechts oben / Durch den Mauerpark** ➤ **rechts Mitte / Selten so leer: In der Arena des Mauerparks treten häufig Straßenkünstler auf**

KM 4

Jeden Sonntag lockt der berühmte 3 / Mauerpark Flohmarkt (So 11–18 Uhr, http://flohmarktimmauerpark. de) nicht nur viele Touristen, sondern auch Einheimische in den ebenso bekannten Park im Prenzlauer Berg. Es herrscht reges Treiben, Musiker spielen und die Atmosphäre ist entspannt.

EHRENMAL IN DER SCHÖNHOLZER HEIDE

In Berlin erinnern drei 8 / Sowjetische Ehrenmale an die Kriegsopfer. Alle drei werden auf den Routen in diesem Buch angefahren.

Hier können wir tief durchatmen und zwischen großen Wiesen und schattigen Waldwegen vom Stadtrummel abschalten. Asphaltierte Wege wechseln sich mit naturbelassenen Abschnitten ab. Wir erklimmen eine kleine Anhöhe, die wir auf der anderen Seite schwungvoll wieder herunter sausen. Yee-haaaw!

Denkmal

BOMBASTISCHE SOWJETARCHITEKTUR

Ein paar hundert Meter weiter überqueren wir die Germanenstraße und stehen vor einem weiteren wichtigen Denkmal. Das 8 / Sowjetische Ehrenmal (April–Sept. 7–19, Okt.–März 8–16 Uhr) von 1949 erinnert an die über 13.000 Offiziere und Soldaten, die am Ende des 2. Weltkrieges um Berlin starben und hier beigesetzt wurden. Wir umrunden die imposante Anlage und verlassen die Heide schließlich am nordwestlichen Ende. Der kurze Abschnitt mit Kopfsteinpflaster in der Niederstraße ist schnell hinter uns gelassen und nach einem Schlenker durch den Stadtteil Wilhelmsruh befinden wir uns wieder auf dem Mauerweg, der hier parallel zur S-Bahn verläuft. Von nun an geht die Route wieder stadteinwärts gen Südosten.

Entlang der Panke

Am Bürgerpark Pankow kreuzen wir den Hinweg etwa auf Höhe des 9 / Kinderbauernhof Pinke Panke (Di–Fr 12–17.30, Sa–So 10–17.30, im Sommer bis 18.30 Uhr, kinderbauernhof-pinke-panke.de). Hier lohnt es sich, mit der ganzen Familie vorbeizuschauen. Neben der gemeinsamen Fütterung der Tiere wird auch regelmäßig getöpfert, gebastelt und gebaut. Vom Mauerweg wechseln wir nun auf den urbanen Teil des knapp 29 km langen 10 / Pankeradwegs. Auf einem kleinen Deich kommen wir an Kleingärten vorbei, die sich auf der anderen Bachseite eng aneinanderdrängen. Da kann man schon mal vergessen, dass man sich in einer Großstadt befindet! Schließlich verbreitert sich das Gewässer und Bach und Weg werden teilweise von Mauern begrenzt. Wir verlassen die Panke für einige Meter und kreuzen die breite Osloer Straße. Nach einem kurzen Stück auf der Koloniestraße gelangen wir zurück an die Panke. Eingerahmt von Berliner Altbauten lohnt es sich, die vielfältige Berliner Architektur links und rechts zu bewundern.

160 KM

Das ist die ungefähre Länge des Mauerwegs, der einmal entlang der ehemaligen innerdeutschen Grenze führt und den wir auf dieser Tour mehrfach abschnittsweise befahren. Die Route führt auf wechselnden Untergründen durch die Stadt und um sie herum.

Zurück ins Stadtgetümmel

Der Weg führt unter den Gleisen der Ringbahnlinie entlang und durch einen Haustunnel hindurch. Dort befindet sich ein toller

◄ links / Über den Schwedter Steg kommen nur Zufußgehende und Radfahrende ▲ oben / Wuchtig: das Sowjetische Ehrenmal

BERLINER KULTUR

Im alten Fabrikgebäude des Panke e.V. gibt es eine Gallery, eine Bar, einen Club und einen Sommergarten direkt am Pankeradweg.

1,4

Das ist die Länge des Mauerabschnittes, der an der 11 / Gedenkstätte Berliner Mauer über dem ehemaligen Grenzstreifen in der Bernauer Straße verläuft. Immer wieder ein Gänsehautmoment, visuelle Elemente der bewegenden Geschichte Berlins zu sehen.

Ort Berliner Kultur: die Panke e.V. (Gerichtstr. 23, 13347 Berlin, pankeculture.com). Wer eine kräftige Prise Berliner Kreativität und Atmosphäre sucht, wird Einiges zu entdecken haben. Auf Höhe des Humboldthain verlässt die Route die Panke und über die Gerichtstraße radeln wir ein kurzes Stück über Kopfsteinpflaster bis zu den rostigen Stahlträgern der Brücke der einstigen Stettiner Bahn. Unter dem imposanten Bauwerk hindurch geht es weiter Richtung Mitte. Zur Abrundung der Tour auf den Spuren der Berliner Teilung gelangen wir schließlich zur Bernauer Straße und der zentralen 11 / Gedenkstätte Berliner Mauer (Bernauer Str. 111, 13355 Berlin, berliner-mauer-gedenkstaette.de/de). Zeit kurz innezuhalten. Schließlich nähern wir uns dem Ende der Route. Die Bernauer Straße geht auf Höhe des Mauerparks in die lebhafte Eberswalder Straße über. Noch einen kurzen Abstecher über die Danziger in die Duncker Straße sei hier allerdings empfohlen.

Abschluss für Leckermäulchen

In dem winzigen Lokal 12 / häppies (12–20 Uhr, Dunckerstraße 85, 10437 Berlin, haeppiesberlin.de) werden hausgemachte Germknödel in unzähligen Variationen serviert. Ein wahrer Gaumenschmaus in herzhaft oder süß. Auf jeden Fall probieren! Und die letzten Kilometer durch den Ernst-Thälmann-Park zum Ziel lässt es sich dann auch ganz gemächlich mit vollem, zufriedenem Magen rollen.

TOURENINFO / Besonders geeignet für historisch Interessierte und urbane Naturliebhabende. Größtenteils asphaltiert mit ein paar befestigten Naturwegen und einem kleinen Anstieg. Familien kommen an Abenteuerspielplatz und Kinderbauernhof auf ihre Kosten.

➤ 1 / Ernst-Thälmann-Park ➤ 2 / Café Silberling ➤ 3 / Mauerpark
➤ 4 / Schwedter Steg ➤ 5 / Japanische Kirschblütenallee ➤ 6 / Bürgerpark Pankow ➤ 7 / Schönholzer Heide ➤ 8 / Sowjetisches Ehrenmal ➤ 9 / Kinderbauernhof Pinke Panke ➤ 10 / Pankeradweg ➤ 11 / Gedenkstätte Berliner Mauer
➤ 12 / häppies

START / ZIEL

Ernst-Thälmann-Park/S-Bhf. Greifswalder Str. in Berlin Prenzlauer Berg, Lilli-Henoch-Straße, 10405 Berlin

HINKOMMEN

Auto / Parkplätze rund um den Park, Lilli-Henoch-Straße, 10405 Berlin oder Ella-Kay-Str., 10405 Berlin

ÖPNV / Mit der Ringbahn bis S-Bahnhof Greifswalder Straße, der Ernst-Thälmann-Park liegt südlich vom Bahnhof

START-ZIEL

BERLIN

2 km

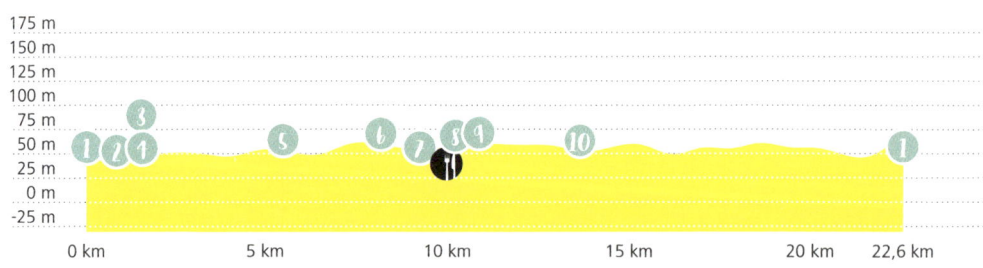

TIERSCHAU AM STADTRAND

Diese Tour ist für mich die perfekte Mischung aus Großstadt und Natur – genau das Richtige, um im geschäftigen Alltag mal kurz rauszukommen und abzuschalten.

➤ **1 /** Tourstart und -ende ist der Bahnhof Lichtenberg in Berlin

➤ **2 /** Gedenkstätte der Sozialisten im Zentralfriedhof Friedrichsfelde

➤ **3 /** Natur in der Stadt: Landschaftspark Herzberge mit Schafen und Stadtfarm

➤ **4 /** Frisches Gemüse mitten in der Stadt bei der StadtFarm Lichtenberg

➤ **5 /** Der versteckte Radweg entlang der S-Bahngleise

➤ **6 /** Kleine Anhöhe mit großem Ausblick auf den Falkenberger Krugwiesen

➤ **7 /** Kanadische Küche und leckerer Kuchen aus der Dorfkate: Café Lehmsofa

➤ **8 /** Europas größtes Tierheim ist nicht nur architektonisch ein Highlight

➤ **9 /** Reizvolle Falkenberger Rieselfelder mit Streuobstwiesen und Hochlandrindern

➤ **10 /** Über den tollen Radschnellweg geht es wieder in die Stadt zurück

STADTRANDROMANTIK

Zu den Hochlandrindern
auf die Rieselfelder

Auf spannenden Wegen bewegen wir uns nach Norden und entdecken neben urbanen Naturschutzgebieten und Gemüseanbau auch versteckte Radwege im Industriegebiet. Der Abstecher an die Stadtgrenze offenbart das Besondere um die Ecke und lässt uns dabei zahlreiche Tierarten beobachten.

Geschichte erleben

Doch zunächst wird es historisch-urban. Wir starten unsere Rundtour am 1 / S- und U-Bahnhof Lichtenberg im gleichnamigen Bezirk. Los geht es parallel zu den Bahngleisen auf der Gudrunstraße gen Norden. Während rechts die Züge auf einer imposanten Ansammlung an Gleisen im Minutentakt vorbeirollen, rollen wir mit dem Rad entspannt auf den Eingang des 2 / Zentralfriedhofs Friedrichsfelde (Gudrunstr. 33, 10365 Berlin) zu. Auf diesem großen Parkfriedhof liegt die Gedenkstätte der Sozialisten und Rosa Luxemburg und Karl Liebknecht ruhen hier.

23 Kilometer
20 Höhenmeter
1:30 Stunden
Rundtour

CHARAKTER

Sportlich ●●○○○
Abkühlung ●○○○○
Schlemmen ●●○○○
Panorama ●●●○○

Natur pur mitten in der Stadt

Wir radeln links am Haupteingang des alten Friedhofs vorbei, denn zwischen diesem und einer Rei-

◄ links / Hochlandrinder auf den Rieselfeldern

henhausneubau-Siedlung führt ein asphaltierter Rad- und Fußweg rein ins erfrischende Grün des 3 / Landschaftsparks Herzberge. Hier erleben wir eine lebhafte Mischung aus Naturschutzgebiet, Biotop und landwirtschaftlicher Nutzung – und das mitten in Berlin an der Grenze zum Lichtenberger Industriegebiet! Im Frühjahr lohnt ein Ausflug hierher besonders, wenn die seltenen Pommerschen Landschafe weiden und die neugeborenen Lämmchen über die Weiden springen.

Frisches Gemüse aus dem Großstadtbeet

Wer die Runde direkt mit einem Gemüseeinkauf verknüpfen möchte oder am Wochenende unterwegs ist, sollte defintiv einen Stopp an den Anlagen der 4 / StadtFarm Lichtenberg (StadtFarm Laden, Mo–Do 10–16, Fr–Sa 10–18 Uhr mit Frischfischverkauf, Markttage siehe Website, Allee der Kosmonauten 16, 10315 Berlin, stadtfarm.de) auf dem Gelände des Landschaftsparks einlegen – perfekt auch für einen Familienausflug. Denn hier wird Gemüse mitten in der Großstadt angebaut – „Urban Farming" nach dem Solawi-Prinzip (Solidarische Landwirtschaft) nennt sich das. Erkennbar ist die Anlage an den großen, langgestreckten Gewächshäusern. Direkt gegenüber lockt ein Mosaikgarten mit Bänken und Beeten mit den verschiedensten Kräutern und Blumen zum Verweilen und Entdecken ein. Wir verlassen den Landschaftspark schließlich, indem wir rechts über einen Nebenweg an auffälligen Rohren vorbei Richtung Allee der Kosmonauten radeln.

BIO-GEMÜSE AUS DER STADT

Die 4 / StadtFarm baut mitten im Herzberge-Park Gemüse selbst an. Es gibt neben dem Laden auch einen Wochenmarkt mit Ständen von lokalen Anbietern.

Geheimweg an den Bahngleisen

So schnell ist man wieder im Großstadtrummel angekommen. Auf einem Radweg fahren wir an der Rhinstraße entlang bis zur Kreuzung Landsberger Allee. Dort biegt man rechts auf diese ab

➤ rechts oben / Im Mosaikgarten des Landschaftsparks Herzberge
➤ rechts Mitte / Gefährdete Art: Pommersche Landschafe

КM 2

Der 3 / Landschaftspark Herzberge
beherbergt die seltenen Pommerschen Landschafe. Diese stehen
sogar auf der Liste der gefährdeten
Arten. Im Park sorgen sie u. a. für
die Flächenpflege. Besonders schön
zu beobachten: Im Frühjahr gibt es
hier immer Nachwuchs und viele
kleine Lämmchen bereichern dann
die Herde.

VERSTECKTES RADWEG-HIGHLIGHT

und setzt den Weg bis kurz vor der Märkischen Allee fort. Durch eine Unterführung gelangen wir auf die andere Seite der Hauptstraße. Der nun folgende 5 / Radweg an den S-Bahngleisen ist ein verstecktes Highlight. Wer nicht weiß, dass es ihn gibt, wird ihn sicherlich nicht zufällig finden. Der Weg kreuzt das Knorr-Bremse Firmengelände an der Grenze zum Berliner Bezirk Marzahn und startet unterhalb der Straßenbahnstation „Gewerbepark Georg Knorr". Hier rollt es sich herrlich verkehrsfrei auf glattem Asphalt. Nach ca. 1,5 km geht es rein ins Hohenschönhausener Industriegebiet auf die Klettwitzer Straße. Links bietet die imposante mehrstöckige Anlage einer Autoverwertungsanlage einen farbenfrohen Anblick mit Fahrzeugen, die ihre Zeit hinter sich haben.

Über die Krugwiesen an die Stadtgrenze

Nach einem kurzen Schlenker auf den Radweg der Bitterfelder Straße geht es nach rechts in eine völlig kontrastierende Umgebung: Über die 6 / Falkenberger Krugwiesen, die mit eigenem Abenteuerspielplatz und vielen Sitzgelegenheiten auch als Wohngebietspark

für die angrenzende Plattenbausiedlung dienen, führt die Route nun auf festen Kies-/Sandwegen weiter raus aus der Stadt. Wer möchte, kann sich nach ca. 8,5 km den kleinen Hügel hinaufkämpfen und wird dafür mit einem tollen Blick über die Umgebung belohnt. Wer dazu keine Lust hat, rollt einfach daran vorbei weiter.

Päuschen mit kanadischem Flair
Wir haben die Stadtgrenze erreicht und befinden uns im Dorf Falkenberg. Zeit für eine Pause. Was man an hier auf dem Dorf sicherlich nicht erwartet hätte, ist das beschauliche Kleinod des 7 / Cafés Lehmsofa (Fr–So 12–17 Uhr, Dorfstraße 4, 13057 Berlin-Falkenberg, cafelehmsofa.wixsite.com/falkenberg), das von einer Kanadierin bereits seit über 17 Jahren betrieben wird. Neben frischem kanadisch inspiriertem Mittagstisch locken hier am Wochenende leckere Kuchen und Torten – auch zum Mitnehmen. Frisch gestärkt kreuzen wir dann die Dorfstraße und lassen die Stadt endlich hinter uns.

Von Haustieren, Hochlandrindern und Obstbaumalleen
Baustadtrat James Hobrecht löste Ende des 19. Jahrhunderts Berlins Abwasserproblem durch den Bau einer Kanalisation und die Anlage von Rieselfeldern rund um die Stadt. Eine dieser ehemali-

NIETZSCHE

Wenn man auf die 9 / Falkenberger Rieselfelder fährt, kommt man an großen Steinmauern vorbei, die ein Zitat von Friedrich Nietzsche tragen: „Schönheit ist deshalb für den Künstler etwas außer aller Rangordnung, weil in der Schönheit Gegensätze gebändigt sind."

◄ links / **Falkenberger Rieselfelder** ▲ oben / **Radweg an den S-Bahngleisen**

STADTFLUCHT
IN DIE NATUR

Blühende Obstbäume und Hochlandrinder im Frühling, Storch
und Fuchs im Sommer – auf den
9 / Falkenberger Rieselfeldern lässt
sich Natur pur beobachten.

gen Anlagen liegt nun vor uns und zeigt sich heute lebendig und grün: die 9 / Falkenberger Rieselfelder. Im Frühjahr säumen herrlich blühende Obstbäume die Schotterwege. Es geht rechts weiter vorbei an den Hochlandrinder weiden, wo ein Aussichtspunkt einen schönen Rundumblick auf die Felder bietet. Mit etwas Glück sieht man hier abends auch zahlreiche Rehe oder einen Fuchs auf der Pirsch. Daher lohnt sich die Tour auch sehr zum Sonnenuntergang, wenn eine orange-rote Sonne die Obstbäume und Wiesen in ein stimmungsvolles Licht taucht. Direkt an der Feldgrenze liegt außerdem auf 16 ha Fläche Europas größtes Tierheim, das 8 / Tierheim Berlin Falkenberg. Dieses ist ein echtes architektonisches Highlight und neben den beliebtesten Haustierarten gibt es hier eine Exotenstation und einen Tierschutz-Bauernhof mit Nutztieren.

2 KM

So lang ist in etwa der 10 / Radschnellweg Zwei-Wege-Radweg, der das Falkenberger Dorf mit dem S-Bhf. Gehrenseestraße verbindet. Ungestört vom Verkehr rollt es sich hier entspannt oder auch mal schneller auf perfektem Asphalt entlang der Hohen-schönhausener Straße.

Asphaltfreuden

Am Tierheim vorbei gefahren, befinden wir uns nun bereits wieder auf dem Rückweg nach Lichtenberg. Parallel zur Hohenschönhauser Straße befindet sich ein 10 / Radschnellweg, der in beide Richtungen perfekten Asphalt bietet. Huuuuuui, das rollt! Es geht noch einige Kilometer geradeaus, bevor wir wieder kurz auf die Rhinstraße und dann auf die ruhigere Ferdinand-Schultze Straße biegen, um dort auf dem Radweg weiter zu radeln. Zum Abschluss gönnen wir uns noch ein paar verkehrsfreie Meter durch den Landschaftspark Herzberge, bevor wir wieder am 1 / Bahnhof Lichtenberg ankommen.

TOURENINFO / Für die schnelle Solo-Abendrunde als auch für Familen geeignet, da es viele Tiere zu beobachten gibt. Fast durchgängig auf asphaltierten Radwegen und gut fahrbaren Schotterwegen mit einer steilen Steigung, die aber optional ist. Das Café hat nur am Wochenende geöffnet.

➤ 1 / Bahnhof Lichtenberg ➤ 2 / Zentralfriedhof Friedrichsfelde ➤ 3 / Landschaftspark Herzberge ➤ 4 / StadtFarm ➤ 5 / Radweg an den Bahngleisen ➤ 6 / Falkenberger Krugwiesen ➤ 7 / Café Lehmsofa ➤ 8 / Tierheim Falkenberg ➤ 9 / Falkenberger Rieselfelder ➤ 10 / Radschnellweg

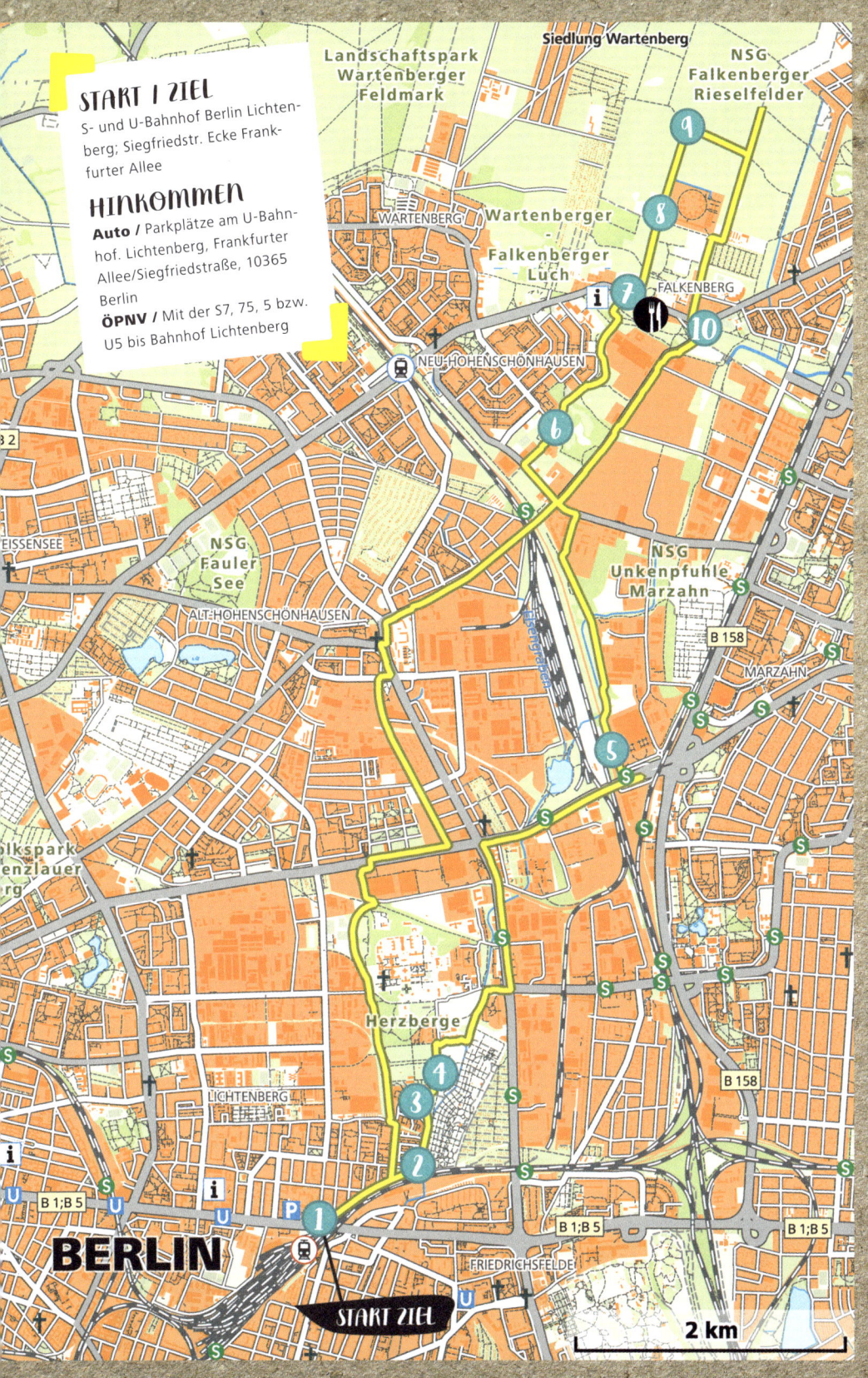

Siedlung Wartenberg

Landschaftspark Wartenberger Feldmark

NSG Falkenberger Rieselfelder

WARTENBERG

Wartenberger

Falkenberger Luch

FALKENBERG

NEU-HOHENSCHÖNHAUSEN

EISSENSEE

NSG Fauler See

ALT-HOHENSCHÖNHAUSEN

NSG Unkenpfuhle Marzahn

MARZAHN

B 158

olkspark enzlauer rg

Herzberge

LICHTENBERG

B 158

BERLIN

B 1;B 5

FRIEDRICHSFELDE

B 1;B 5

B 1;B 5

START ZIEL

2 km

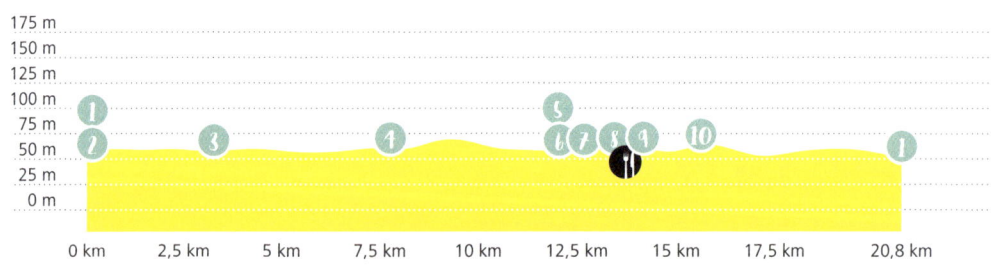

"Nichts ist vergleichbar mit dem simplen Vergnügen einer Radtour."
John F. Kennedy

"Das Leben ist wie
Rad fahren -
um das Gleich...
nicht zu verli...
muss man in ...
Bewegung ble...

" Bei keiner anderen Erfindung
Angenehmen so innig verbun
Adam Opel (

SUNSETRIDE

Wenn ich mal kurz raus aus der Stadt und ungestört vom Verkehr radfahren will, ist das die richtige Tour. Bonus: Der Sonnenuntergang über den Feldern.

➤ **1 /** Die Tour beginnt und endet direkt am Stadtrand am U-Bahnhof Hönow

➤ **2 /** Die Hönower Weiherkette ist ein Landschaftsschutzgebiet am Stadtrand

➤ **3 /** Auf geschichtlichen Spuren rollen wir auf der Historischen Stadtkernroute

➤ **4 /** Zwischen den Feldern hindurch führt die Barnimer Feldmark-Tour

➤ **5 /** Das Ackerbürgerstädtchen Altlandsberg zwischen Historie und Moderne

➤ **6 /** Auf dem Schlossgut finden ganzjährig Veranstaltungen statt

➤ **7 /** Wahrzeichen von Altlandsberg: der Strausberger Torturm

➤ **8 /** Leckermäulchen kommen in der Eisdiele Berliner Tor auf ihre Kosten

➤ **9 /** Eine Wand voller Räder am Fahrradhof Altlandsberg

➤ **10 /** Die sanierte Mühle Altlandsberg erhebt sich zwischen den Feldern

SUNDOWNER IM OSTEN

Unterwegs zwischen Feldern und alten Mauern

Die entspannte Tour entlang der östlichen Stadtgrenze von Berlin führt abseits vom Verkehr auf asphaltierten Radwegen zwischen den Feldern des Barnims und Märkisch-Oderlands. Wir erfahren etwas über lokale Ackerbürgergeschichte und schlemmen uns schließlich den Weg in die Stadt zurück.

An der Stadtgrenze entlang

Direkt am Start- und Zielort der entspannten Runde, am 1 / U-Bahnhof Hönow, liegt das Gewässersystem des Landschaftsschutzgebiets 2 / Hönower Weiherkette. Die abwechslungsreiche Landschaft wird gestaltet von zahlreichen Pfuhlen, Gebüschen und Wiesenflächen. Einige Wege und schmale Pfade führen hindurch und lassen einen schnell vergessen, dass man sich noch in Berlin, wenn auch direkt an der Stadtgrenze, befindet. Wir radeln durch die südöstlichen Ausläufer der Weiherkette, überqueren die Berliner Straße und fahren über einen Nebenweg in das an die Stadt angrenzende Dorf Hönow hinein. Weiter geht es nun im benachbarten Brandenburg.

21 Kilometer
10 Höhenmeter
1:30 Stunden
Rundtour

CHARAKTER

Sportlich ●○○○○
Abkühlung ●●○○○
Schlemmen ●●●○○
Panorama ●●●●○

◄ links / Fahrradhof in Altlandsberg

Auf traumhaften Radwegen zwischen den Feldern

Kurz darauf biegen wir nach rechts auf die 3 / Historische Stadt-kerne-Route ab, die durch zahlreiche Dörfer führt und sich auf deren besondere Altstädte fokussiert. Hier wartet glatter Asphalt auf einem herrlichen Radweg zwischen den Feldern auf uns – perfekte Bedingungen für eine relaxte Feierabendrunde mit dem Fahrrad.

Das rollt! Herrlich! Da es hier wenig Schatten gibt, sollte man auf guten Sonnenschutz achten, falls man im Sommer hier tagsüber entlangfährt. Am Abend wiederum kann man hier wundervoll die letzten Sonnenstrahlen und den Sonnenuntergang genießen und weit über die Felder schauen. Mit etwas Glück lassen sich auch ein paar Rehe in der Dämmerung beobachten. Vorbei an ein paar kleinen Seen, die von Bäumen und Gebüsch umrahmt und Teil der Südostbarnimer Weiherketten sind, radeln wir am schmalen Lauf des Teichgrabens entlang bis nach Trappenfelde. Hier steht eine große Reithalle, die wir rechts liegen lassen und weiter bis zur Kreuzung am Knotenpunkt 52 fahren.

KIRCHE AUS FELDSTEIN

Auf dem Weg durchs Anger-dorf Hönow kommen wir an der spätromantischen Dorf-kirche vorbei, die wie der Ort bereits im 13. Jahrhundert angelegt wurde.

Auf dem Weg nach Altlandsberg

Die Route geht nun rechts auf dem Radweg der 4 / Barnimer Feld-mark-Tour weiter. Der Name leitet sich aus der Region ab, durch die sie führt. Wir befinden uns hier allerdings bereits an der Grenze zum Landkreis Märkisch-Oderland, in den wir nun auch weiterfahren. Wenn der vorherige Weg schon wunderbar war, dann ist diese Allee, die uns zum Ort Altlandsberg bringt, noch eine Spur herrlicher. Unter hohen Bäumen und über gleichmäßig geteerten Boden gleitet es sich förmlich von selbst auf den knapp 3 km bis hin zur Hauptstraße. Der krumm geformte See, der nördlich der Feldmark-Tour Route zwischen den Feldern liegt, gab der Krummensseestraße, auf die wir nun abbiegen, den Namen. Diese führt

➤ rechts oben / Entlang der Stadtmauer beim Strausberger Torturm in Atlandsberg ➤ rechts Mitte / Detail an einer Hauswand in Altlandsberg

KM 1

Auf einer Länge von ca. 351 Kilometer führt die 3 / Historische Stadtkerne-Route in insgesamt acht historische Stadtkerne und durch abwechslungsreiche Landschaften in Brandenburg. Auf unserer Tour erleben wir den kleinen Ort Hönow und die Ackerbürgerstadt Altlandsberg.

IM REGIONALPARK

Knapp 25 km weit erstreckt sich der Regionalpark 4 / Barnimer Feldmark zwischen Bernau und Strausberg. Die Tour führt quer durch die vielfältige Region.

direkt in die ehemalige Ackerbürgerstadt 5 / Altlandsberg (altlandsberg.city/altlandsberg) hinein – ein Ort mit einer über 800-jährigen Geschichte. Und das lässt sich an vielen Stellen hier erkennen.

Historischer Stadtkern zwischen Alt und Neu

VERANSTAL-
TUNGEN IN
HISTORISCHEM
AMBIENTE

Es lohnt sich genauer hinzuschauen und zum Beispiel nach links einen Abstecher auf das 6 / Schlossgut (Krummenseestraße 1, 15345 Altlandsberg, schlossgut-altlandsberg.de) zu machen. Auch wenn von dem ehemaligen Barockschloss, das Mitte des 18. Jahrhunderts vollständig niederbrannte, nichts mehr zu sehen ist, so ist die Grundstruktur der Anlage noch erkennbar. Nach aufwendigen Sanierungen werden die Gartenanlagen und viele Gebäude wie die barocke Schlosskirche, das Brauhaus und die ehemaligen Stallungen heute wieder genutzt. Es sind u.a. Orte für Veranstaltungen, Gastronomie und eine Bibliothek. Ein Blick auf den Veranstaltungskalender kann vor einem Besuch definitiv nicht schaden, denn neben saisonalen Events gibt es hier auch einen Wochenmarkt, Kino oder Musiktage. Wer möchte, kann auf dem Schlossgut auch

einfach eine kleine Erfrischungspause zum Beispiel auf der Terrasse des Brauhauses einlegen, bevor es weitergeht in Richtung Wahrzeichen der Kleinstadt.

Von Storch und Stadtwappen

Dazu fahren wir ein kurzes Stück nach Norden auf der Buchholzer Allee und biegen nach rechts auf eine Nebenstraße ab. Diese führt nach Süden in einen hübschen kleinen Stadtpark, der auch über Rastgelegenheiten mit Tisch und Bänken verfügt. Das Highlight auf diesem Weg: Wir passieren die sehr gut erhaltene, ca. 1,3 km lange Stadtmauer aus Feldstein, bevor wir zum 7 / Strausberger Torturm gelangen. Dieser ziert das Stadtwappen und wird auch Storchenturm genannt, denn seit über 100 Jahren nisten hier Störche. Mit etwas Glück entdecken wir im Sommer sogar welche auf der Spitze des Turms. Falls im Brauhaus noch keine Pause eingelegt wurde, dann bietet sich für Leckermäulchen nun ein Stopp an. Wir radeln nämlich direkt an der kleinen 8 / Eisdiele Berliner Tor vorbei, die nicht nur hausgemachtes Eis, sondern auch sehr leckeren Kuchen führt (Mai–Sept. tgl. 12–18 Uhr, Winteröffnung s. Website, Berliner Allee 14, 15345 Altlandsberg, eisdiele-altlandsberg.de). Nach dieser Schlemmerei treten wir auf den letzten 7 km der Tour nochmal

1659

Seit diesem Jahr besteht die Brautradition in Altlandsberg, die noch heute weiter gepflegt wird. Die Altlandsberger Biere können im eigenen Bräu- und Brennhaus auf dem Schlossgut verköstigt werden und sind außerdem ein schmackhaftes Mitbringsel.

‹ links / Nicht in den Niederlanden, sondern in Altlandsberg thront diese Mühle ∧ oben / Strausberger Torturm

WAND VOLL RÄDER

Auf dem Weg aus Altlandsberg heraus kommen wir an der beeindruckenden Wand des großen 9 / Fahrradhofs vorbei, die über und über mit Fahrrädern behangen ist.

ordentlich in die Pedale. Dabei schauen wir uns der Hauptstraße folgend immer wieder um: Kurz vor dem Ortsausgang passieren wir den 9 / Fahrradhof Altlandsberg (Mo–Fr 10–18, Sa 9–16 Uhr, Berliner Allee 4, 15345 Altlandsberg, fahrradhof-altlandsberg.de), wo man im Notfall unkompliziert Ersatzteile erhält.

Alte Mühle in neuer Pracht

Eine Unterbrechung gönnen wir uns noch auf dem Weg zurück nach Berlin. Schon von Weitem erkennbar ragt ein prägnantes Gebäude zwischen den Feldern empor. Die 10 / Mühle Altlandsberg mit Restaurant (Mo–So 11–22 Uhr, Di. Ruhetag, An der Mühle 40, 15345 Altlandsberg, muehle-altlandsberg.de) ist viel zu schön, um einfach daran vorbeizufahren – selbst wenn man hier keine Pause mehr einlegen mag, weil der Bauch schon voll mit Eis und Kuchen ist. Obwohl die liebevoll sanierte Mühle ohne die charakteristischen Flügel dasteht, ist sie doch sehr sehenswert und der große Garten mit Terrasse lädt zum Verweilen ein. Wir folgen im Anschluss dem straßenbegleitenden Radweg der Hönower Chaussee weiter bis zum Dorf Seeberg. Dort biegen wir am Ortsausgang nach links auf eine Nebenstraße ab und rollen auf die Brücke, die über die A 10 führt, zu. Die Straße bringt uns über Asphalt und ohne viel Verkehr parallel zur Altlandsberger Chaussee vorbei an Feldern zurück an die Berliner Stadtgrenze. Die letzten Meter führen uns durch einen Grünzug zur Mahlsdorfer Chaussee. Schließlich endet unsere Tour wieder am 1 / U-Bahnhof Hönow und eine ruhige Felderrunde mit historischen Anklängen kommt zu einem entspannten Ende.

200

Die alte Holländermühle 10 / Mühle Altlandsberg ist in Brandenburg eine Seltenheit neben den häufiger vertetenen Bockwindmühlen. Sie ist eine der mehr als 200 Mühlen in Brandenburg, die unter Denkmalschutz stehen.

TOURENINFO / Verkehrsarm zwischen den Feldern. Größtenteils asphaltiert mit kurzen Kopfsteinpflaster-Passagen. Keine Steigungen.

➤ 1 / U-Bahnhof Hönow ➤ 2 / Hönower Weiherkette ➤ 3 / Historischen Stadtkernroute ➤ 4 / Barnimer Feldmark-Tour ➤ 5 / Altlandsberg ➤ 6 / Schlossgut Altlandsberg ➤ 7 / Strausberger Torturm ➤ 8 / Eisdiele Berliner Tor ➤ 9 / Fahrradhof Altlandsberg ➤ 10 / Mühle Altlandsberg

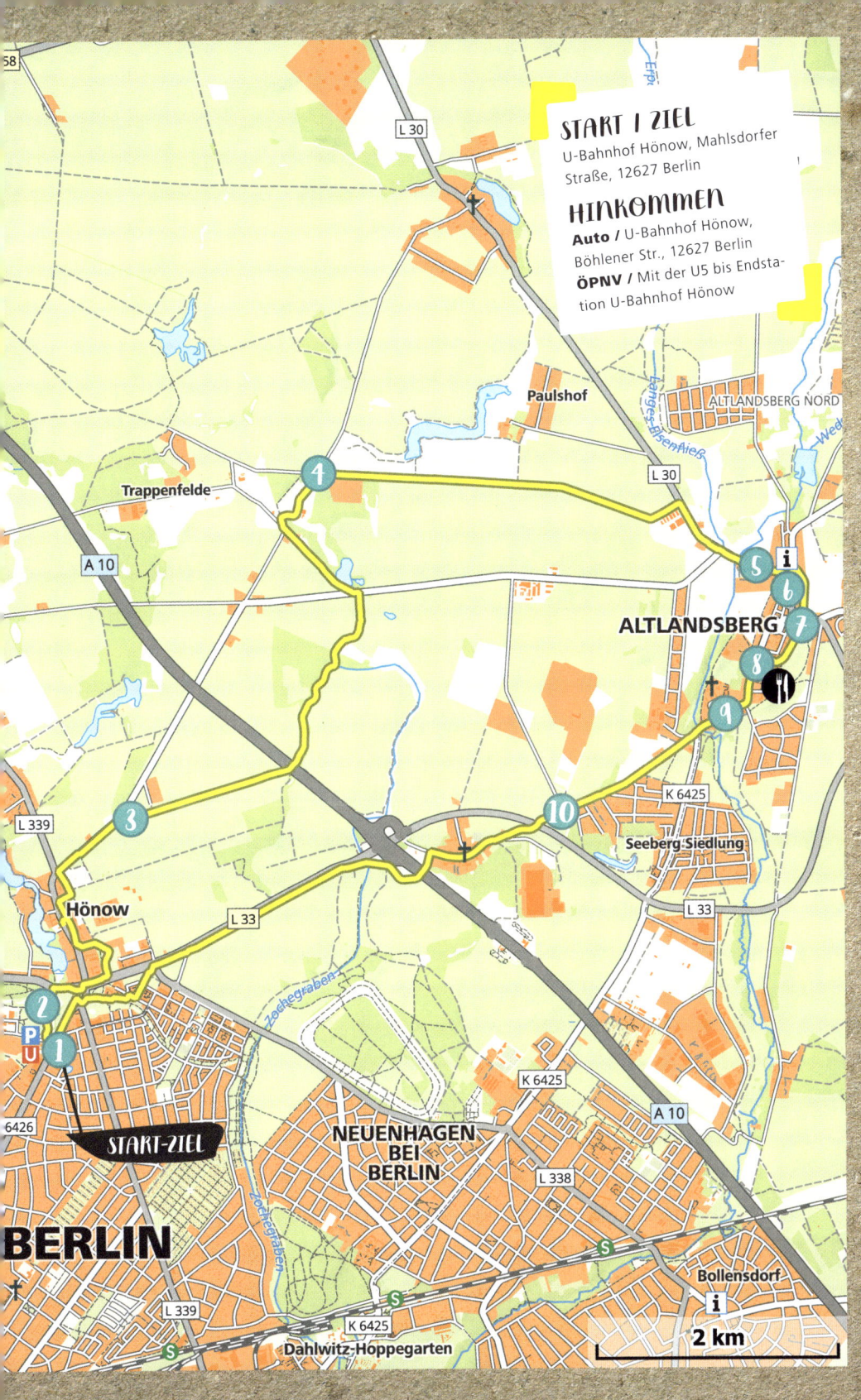

START / ZIEL
U-Bahnhof Hönow, Mahlsdorfer
Straße, 12627 Berlin

HINKOMMEN
Auto / U-Bahnhof Hönow,
Böhlener Str., 12627 Berlin
ÖPNV / Mit der U5 bis Endstation U-Bahnhof Hönow

L 30

Paulshof

ALTLANDSBERG NORD

Trappenfelde

A 10

ALTLANDSBERG

L 30

L 339

Hönow

L 33

K 6425

Seeberg-Siedlung

L 33

START-ZIEL

6426

NEUENHAGEN
BEI
BERLIN

K 6425

A 10

L 338

BERLIN

Bollensdorf

L 339

K 6425

Dahlwitz-Hoppegarten

2 km

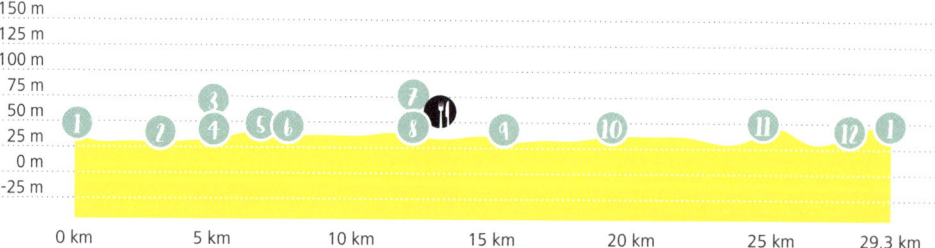

PARKS IM SÜDOSTEN

Durch grüne Parks im Berliner Südosten führend lässt mich diese Tour abschalten und den Alltagstrubel vergessen – inlusive frischer Brise an der Spree.

➤ **1 /** Los geht es am Ringbahnhof S-Bhf. Treptower Park, wo die Tour auch endet

➤ **2 /** Kletterkünste erproben in der Boulderhalle Ostbloc an der Spree

➤ **3 /** DDR Ästhetik im alten Funkhaus Berlin

➤ **4 /** Erfrischung und Urlaubsbtimmung an der Spree dank StandUp Club Berlin

➤ **5 /** Schatz, jemand hat Berlin geschrumpft: Modellpark Berlin-Brandenburg

➤ **6 /** Der Volkspark Wuhlheide ist ein Erholungsgebiet für die ganze Familie

➤ **7 /** Entspannung inmitten alter Industriehallen im Café Schöneweile

➤ **8 /** Neue Brücke mit historischen Wurzeln am Kaiersteg

➤ **9 /** Naturschutz auf dem Flugfeld des Landschaftsparks Johannisthal

➤ **10 /** Märchenwald in der Stadt: die Königsheide

➤ **11 /** Wilde Natur kombiniert sich im Plänterwald mit Relikten des Freizeitparks

➤ **12 /** Naherholung an der Spree im vielfältigen Treptower Park

IM GRÜNEN AN DER SPREE

Zwischen **Industriekultur**
und **grünen Lungen**

**Die abwechslungsreiche Runde mitten in
der Stadt führt uns vom Wasser der Spree
durch alte Berliner Industrieorte hinein in
die schönsten Parks des Südostens. Wir
entdecken Berlin und Brandenburg in ganz
klein, neue Kultur in alten Hallen und immer
wieder Orte zum gemütlichen Verweilen.**

29 km
20 Höhenmeter
2:15 Stunden
Rundtour

Am Spreesee entlang

Los geht's am 1 / S-Bahnhof Treptower Park, direkt an
der gleichnamigen grünen Oase mitten in der Stadt.
Wir radeln über den Rad- und Gehweg der Parkwegbrücke parallel zu den S-Bahngleisen und der Elsenbrücke. Auf Ersterer genießen
wir die Aussicht auf die Spree
und den Treptower Park, auf
Letzterer kam man einen herrlichen Blick stadteinwärts auf
die Oberbaumbrücke und den
Fernsehturm erhaschen – ein
echtes Highlight zum Sonnen-
untergang! Es geht weiter nach Nordosten über die
Halbinsel Stralau in die Rummelsburger Bucht und
entlang des idyllischen Rummelsburger Sees.

CHARAKTER
Sportlich ●●○○○
Abkühlung ●●●○○
Schlemmen ●●○○○
Panorama ●●●○○

Hoch hinaus

Direkt am Ufer der Spree in einer alten Industrie-
halle befindet sich die 2 / Boulderhalle Ostbloc

◀ links / Ringbahnbrücke Oberspree parallel zur Elsenbrücke und Parkwegbrücke

(Mo–Fr 10–23, Sa–So 9–23 Uhr, Hauptstraße 13, 10317 Berlin, ostbloc.de). Wer Lust am Klettern hat, sollte die sicherungslose, einstiegsfreundliche Variante in „Fallhöhe" unbedingt ausprobieren. Auch Kinder kommen hier voll auf ihre Kosten. Wir radeln an der Boulderhalle und links um die Ecke weiter am kleinen Hafen vorbei und mitten rein in das Rummelsburger Industriegebiet.

RUMMELSBURGER HEIZKRAFT

Von Weitem sichtbar ragt das imposante Heizkraftwerk Klingenberg auf. Als erstes Berliner Großkraftwerk versorgt es seit 1927 die Stadt – bis heute.

DDR-Charme und moderne Aktivitäten an der Spree

Auf dem Radweg geht es parallel zur Köpenicker Chaussee weiter Richtung Süden. Auf der rechten Seite kurz nach der Tankstelle liegt das ehemalige DDR-Rundfunkstudio, das 3 / Funkhaus Berlin (Nalepastr. 18, 12459 Berlin). Auch heute befinden sich noch Aufnahmestudios in den historischen Gebäuden. Eine Pizzeria und die Milchbar laden zum Verweilen ein. Wer sich lieber sportlich auf dem Wasser betätigen mag, wird etwas weiter südlich fündig. Dort sitzt eine Filiale des 4 / StandUp Clubs Berlin (Öffnungszeiten jahreszeitlich, standupclub.de/supstation-funkhaus). Man kann hier SUPs leihen und direkt auf der Spree damit paddeln – Urlaubsfeeling mitten in der Stadt!

Grüne Heide

Für uns geht es nun aber auf zwei Rädern rein ins Grüne und unter schattige Bäume. Nachdem wir die geschäftige Treskowallee überquert haben, befinden wir uns bereits im überwiegend aus Laubwald bestehenden Wald- und Volksparks 5 / Wuhlheide (Eichgestell 4, 12459 Berlin, wuhlheide-erleben.de). Dieser lädt schon seit Anfang des 20. Jahrhunderts zur stadtnahen Erholung ein. Wir fahren über den asphaltierten Parkweg der Kastanienallee an Wiesenflächen vorbei tiefer in die Wuhlheide hinein.

➤ rechts oben / Wohnen in ehemaligen Industriebauten: Rummelsburger Bucht ➤ rechts Mitte / Auf der Uferpromenade des Rummelburger Sees

KM 2

Besonders die Uferpromenade des
Paul-und-Paula-Ufers in der 2 / Rummelsburger Bucht ist ein beliebter
Treffpunkt und Ort zum entspannten
Flanieren entlang der zahlreichen
Wohnungsneubauten, die hier über
die letzten Jahrzehnte im ehemaligen „Industrieortsteil" von Lichtenberg entstanden sind.

AUCH BERLIN KANN MINIATURENPARK

Berlin und Brandenburg geschrumpft

Der Ort, den wir dann passieren, ist ein Highlight für die ganze Familie. Wann hat man denn je die Gelegenheit, über 80 sehenswerte Gebäude und architektonische Besonderheiten aus ganz Berlin und Brandenburg an einem Tag zu bestaunen? Im 6 / Modellpark Berlin-Brandenburg geht das ganz einfach (April–Sept. 10–18, Okt. bis 17 Uhr, An der Wuhlheide 81, 12459 Berlin, modellparkberlin.de). Schließlich rollen wir über eine schöne Eichenallee auf das FEZ zu und verlassen die Wuhlheide in Richtung Südosten. Es geht einmal über die Straße an der Wuhlheide und rein ins Wohn- und Industriegebiet Oberschöneweide.

Industriekultur trifft auf Kunst und Moderne

In der Wilhelminenhofstraße befinden sich in den ehemaligen Hallen der AEG und des Transformatorenwerks Oberschöneweide heute nicht nur eine Hochschule, sondern auch eine lebhafte Kultur- und Atelierszene hinter alten Backsteinmauern. Mittendrin lädt das kleine 7 / Café Schöneweile mit Kuchen, Kaffee und aller-

lei Leckereien zum Pausieren ein (Mo–Fr 10–18, Sa–So 13–18 Uhr, Reinbeckstraße 9, 12459 Berlin, cafe-schoeneweile.de). Auf Palettenmöbeln und an Holztischen aus alten Kabeltrommeln schalten wir zwischen den großen Industriehallen ein bisschen vom Alltag ab. Unter der Kranbahn geht es dann weiter zur historisch basierten Schrägseilbrücke 8 / Kaisersteg. Die Fußgänger- und Radwegbrücke führt uns über die Spree weiter nach Süden.

Natur auf dem Flugfeld

Wir folgen der Hasselwerderstraße, fahren vorbei am S-Bahnhof Schöneweide und gelangen nach ca. 1 km entlang des Radwegs des Groß-Berliner-Damms nach rechts auf das ehemalige Flugfeld 9 / Landschaftspark Johannisthal. Die große Freifläche war der erste deutsche Motorflughafen und ist heute ein vielfältiges Erholungsgebiet inklusive einem 26 ha großen Naturschutzgebiet. Wir nehmen uns Zeit, lesen einige der Schautafeln und lernen so mehr über den Park und die schützenswerte Tier- und Pflanzenwelt.

Wald in der Stadt

Über Nebenstraßen rollen wir langsam wieder gen Norden und auf einen Wald zu. Die 10 / Königsheide war früher Teil eines weitaus

FEZ

Teil der Wuhlheide ist das Freizeit- und Erholungszentrum FEZ, welches auf einem großen Indoor- und Outdoorgelände zahlreiche Aktivitäten und Unterhaltung bietet. Ein Ort für die ganze Familie mit Schwimmbad, großen Spielplätzen und allerlei Veranstaltungen.

◄ links / Blumen säumen den Wegesrandin der Wuhlheide ▲ oben / Spreeblick von der Eisenbrücke beim S-Bahnhof Treptower Park

SUNDOWNER

Im Nordteil des 12 / Treptower Parks mit Uferpromenade und Schiffsanleger hat man einen guten Blick auf die Spree und Elsenbrücke. Auf der Insel der Jugend, die über eine geschwungenen Stahlbrücke zu erreichen ist, erlebt man den Sonnenuntergang am schönsten.

größeren Waldgebiets, zu dem auch die Wuhlheide und die Köllnische Heide gehörten. Besonders im Herbst, wenn das Laub sich bunt färbt und die tiefstehende Sonne zwischen dem Blätterdach hindurch blinzelt, wirkt alles etwas entrückt und märchenhaft. Traumhaft! Wir radeln hier auf weichem Waldboden, der ab und an von ein paar Wurzeln durchzogen ist. Wir verlassen den Park im Nordosten an der Südostallee und biegen kurz darauf nach rechts ab, um dem asphaltierten Weg entlang des Heidekampgrabens zu folgen, der auch Teil des Berliner Mauerweges ist. Hier rollt es sich hervorragend gen Ziel unserer Runde! Wir biegen nun noch einmal rechts ab und fahren über den Dammweg auf das letzte zusammenhängende Parkgebiet unserer Tour zu.

Park-Oase an der Spree

Direkt vor uns liegt der wunderschöne 11 / Plänterwald, der noch immer die Überbleibsel des alten Freizeitparks „Spreepark" beherbergt, welcher sich seit der Schließung 2001 zu einem der berühmtesten Lost Places Berlins gemausert hat. Von da geht es zurück zum Startpunkt unsere Tour, dem 12 / Treptower Park, der auch einiges zu bieten hat. Im Südteil befinden sich der große Karpfenteich und u. a. das größte Denkmal für die gefallenen Soldaten der Roten Armee in Deutschland, das Sowjetische Ehrenmal, sowie die Archenhold-Sternwarte mit dem größten beweglichen Fernrohr der Welt. Im Nordteil kann man den Tag herrlich auf den Wiesen direkt am Ufer der Spree ausklingen lassen – ein entspannter Tourenabschluss.

TOURENINFO / Flach und wenig anspruchsvoll, größtenteils asphaltiert mit einigen naturbelassenen Parkwegen, für Familien gut geeignet. Eventuell Sportsachen mitnehmen!

➤ **1 /** S-Bahnhof Treptower Park ➤ **2 /** Boulderhalle Ostbloc ➤ **3 /** Funkhaus Berlin ➤ **4 /** StandUp Club Berlin ➤ **5 /** Volkspark Wuhlheide ➤ **6 /** Modellpark Berlin-Brandenburg ➤ **7 /** Café Schöneweile ➤ **8 /** Kaisersteg ➤ **9 /** Landschaftspark Johannisthal ➤ **10 /** Königsheide ➤ **11 /** Plänterwald ➤ **12 /** Treptower Park

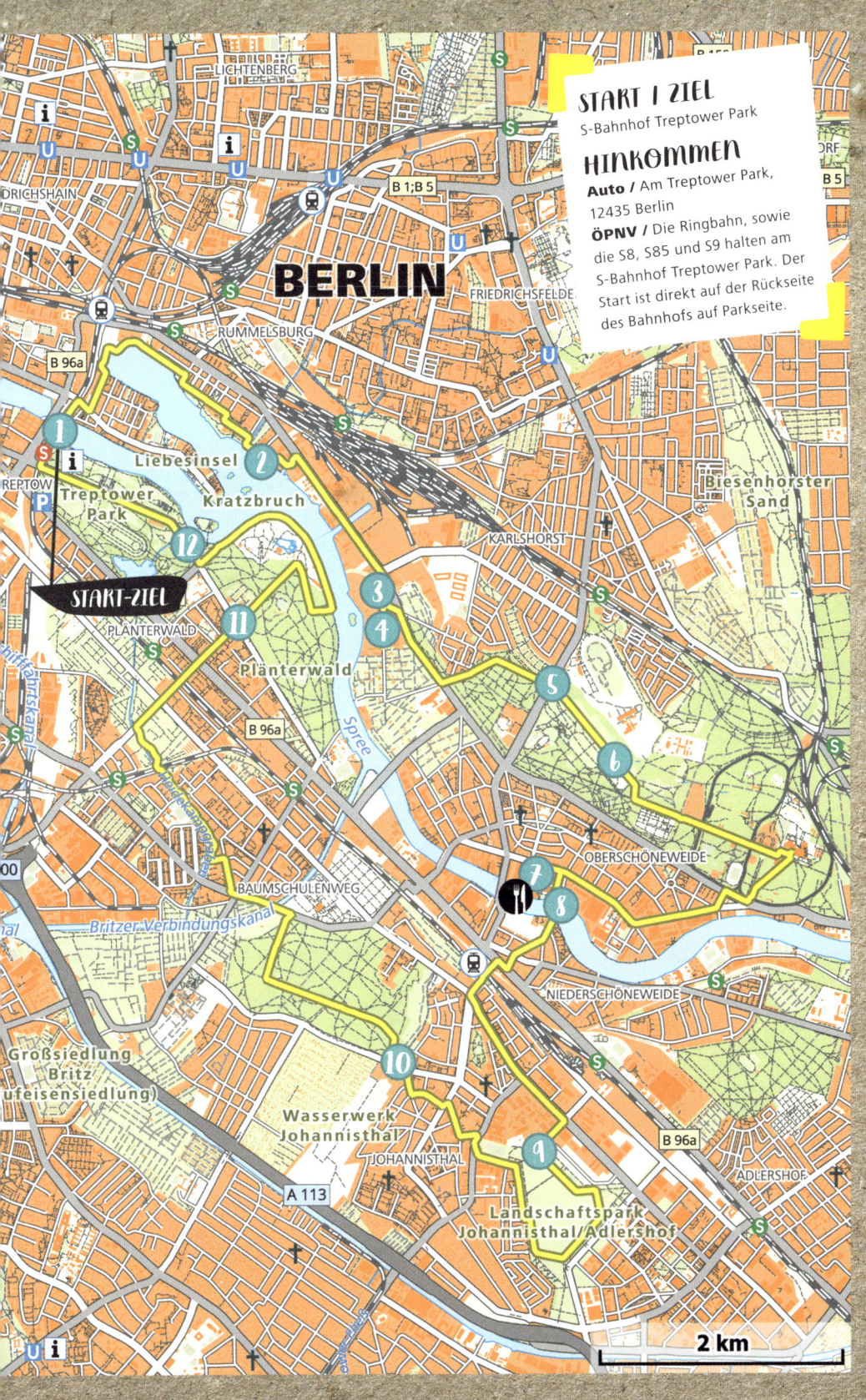

START / ZIEL
S-Bahnhof Treptower Park

HINKOMMEN
Auto / Am Treptower Park, 12435 Berlin
ÖPNV / Die Ringbahn, sowie die S8, S85 und S9 halten am S-Bahnhof Treptower Park. Der Start ist direkt auf der Rückseite des Bahnhofs auf Parkseite.

2 km

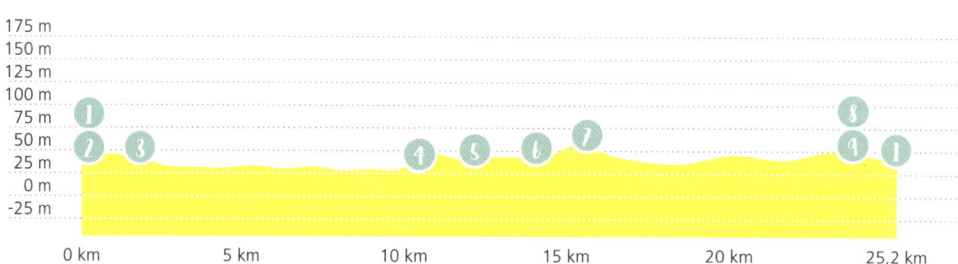

PERFEKTE MISCHUNG

Ich empfehle die Tour für die schnelle Runde am Stadtrand auf Traumasphalt ebenso wie für Familien und Architekturinteressierte – es ist für alle was dabei.

➤ **1 /** Wir starten und enden in Berlin Neukölln am U-Bahnhof Parchimer Allee

➤ **2 /** Klassisch moderne Architektur erleben am UNESCO Welterbe Hufeisensiedlung

➤ **3 /** Perfekte Radfahrbedingungen auf glattem Asphalt am Teltowkanal

➤ **4 /** Entlang des ehemaligen Grenzstreifens vorbei an der Mauergedenkstelle

➤ **5 /** Natürliche Weidebewirtschaftung am Stadtrand auf den Wasserbüffelwiesen

➤ **6 /** Zu Besuch bei den zutraulichen Hochlandrindern

➤ **7 /** Höhenmeter und ein einmaliger Rundumblick am Rudower Dorferblick

➤ **8 /** Das Gut Britz unterhält die ganze Familie

➤ **9 /** Zum Abschluss geht's vorbei am Schloss Britz

BERLINER SÜDVIELFALT

Zwischen **Bauhausarchitektur** *und* **ehemaliger Grenze**

Einzigartige Stadtplanung mit Welterbesiegel trifft bei dieser entspannten Runde durch Berlins Süden auf die Geschichte der Berliner Teilung und die Tierwelt entlang des ehemaligen Grenzstreifens – eine bunte Mischung von Stadt, Natur und Geschichte für die ganze Familie.

Auf Erkundungstour durchs Welterbe

Vom 1 / U-Bahnhof Parchimer Allee im Neuköllner Ortsteil Britz geht es über die gleichnamige Straße mitten ins UNESCO-Welterbe der berühmten 2 / Hufeisensiedlung von Bauhaus-Architekten Bruno Taut. Die bemerkenswerte Großsiedlung, die Ende der 1920er als erstes Prestigeprojekt des sozialen Wohnungsbaus in Berlin entstanden ist, lässt sich perfekt mit dem Fahrrad erkunden. Wir radeln auf der Fritz-Reuter-Allee an dem zentral gelegenen und namensgebenden Komplex in Form eines Hufeisens vorbei. Hier befindet sich auch ein kleines, am Wochenende geöffnetes Infozentrum (Fritz-Reuter-Allee 44, 12359 Berlin). Über die Stavanagerstraße verlassen wir die Siedlung und fahren über die Onkel-Bräsig-Straße Richtung Norden.

25 Kilometer
35 Höhenmeter
2 Stunden
Rundtour

CHARAKTER
Sportlich ●●○○○○
Abkühlung ●●○○○○
Schlemmen ●●○○○○
Panorama ●●●○○

◄ links / Blick auf den Teltowkanal

Wasserwege

Wir überqueren die geschäftige Blaschkoallee. Knapp einen Kilometer später wird es dann ruhiger und wir biegen noch vor der Brücke von der Rungiusstraße nach rechts auch den Radweg entlang des 3 / Teltowkanals ab. Am Delfter Ufer kreuzen sich die Verbindungskanäle und der Teltowkanal und Letzterer macht einen Bogen nach Süden. Hier ist der Blick aufs Wasser zum Britzer Hafen und auf die Brücke der A 113 definitiv sehenswert.

TEMPELPRACHT

An der Blaschkoallee kommen wir am in Deutschland seltenen Hindu-Tempel vorbei. Dessen farbige Erscheinung hebt sich prägnant aus dem typischen Großstadbild ab.

Auf der Ostkrone

An der Neuen Späthstraße überqueren wir den Kanal und fahren auf der anderen Seite auf dem Berliner Mauerweg weiter. Dieser zeichnet den Verlauf der ehemaligen Berliner Teilung nach und ist uns im Norden während anderer Touren (1 und 4) bereits begegnet. Auf dieser Runde folgen wir dem Mauerweg ein Stück an der südlichen Stadtgrenze entlang. Der folgende, lange Asphaltabschnitt, auch als Ostkrone bekannt, ist besonders unter Rennradfahrenden beliebt. Aber auch zum Skaten und Laufen eignet sich der perfekte Weg am Kanalufer entlang bestens. Hier rollt es sich großartig! An der Wredebrücke überqueren wir den Teltowkanal parallel zur Autobahn ein letztes Mal und fahren nun immer weiter gen Süden bis an die Stadtgrenze nur wenige Kilometer vom Großflughafen Berlin-Brandenburg (BER) entfernt.

Gedenken

Wir befinden uns mittlerweile im Stadtteil Rudow. Wenige Meter, nachdem wir die Rudower Straße überquert haben, stoßen wir auf die 4 / Mauergedenkstelle Rudow-Altglienicke. Hier halten wir an, können an den Infostelen über die Teilung lesen und sogar originale Überbleibsel der Berliner Hinterlandmauer anschauen – ein Mo-

➤ **rechts oben / Herbststimmung entlang des Teltowkanals** ➤ **rechts Mitte / Sozialer Wohnbau in der Hufeisensiedlung**

KM 1

Der südliche Teil der Onkel-Bräsig-
Straße an der 2 / Hufeisensiedlung
ist besonders im Frühjahr, zwischen
April und Mai, einen Besuch wert.
Hier blühen dann im schönsten Rosa
die Kirschbäume und schaffen eine
wunderbare Atmosphäre inmitten
der klassisch-modernen Architektur.

BEWEIDUNGS-PROJEKT

5 / Wasserbüffelwiesen gibt es auch im Berliner Norden am Tegeler Fließ. Die Büffel tragen einen Großteil des Jahres zur Landschaftspflege bei.

VON WASSER-BÜFFELN ZU HOCHLAND-RINDERN

ment zum Besinnen und glücklich schätzen, dass wir heute so frei durch das Land radeln können. Auf diesem Mauerwegabschnitt werden uns noch weitere dieser Infotafeln begegnen. Kurz darauf radeln wir durch den zentralen Teil des idyllischen Landschaftsparks Rudow-Altglienicke. Das kleine Naherholungsgebiet an der Stadtgrenze ist vor allem von Wiesen geprägt und beliebt bei Spaziergehenden und Radfahrenden gleichermaßen.

Von Büffeln und Rindern

Ein besonderes Highlight sind die 5 / Wasserbüffelwiesen (Am Klarpfuhl 1, 12355 Berlin). Sie sind Teil eines Beweidungsprojektes auf den Feuchtwiesen des Landschaftsparks. Zu beobachten, wie sie sich an den Teichen ein Schlammbad gönnen, ist außerdem ein willkommener Pausengrund. Wir radeln dann weiter bis der Mauerweg an der Rudower Chaussee nach rechts abbiegt. Hier fahren wir jedoch nur einen kleinen Bogen über eine Nebenstraße, bevor wir über einen zugegebenermaßen etwas ruppigen Weg schließlich an Weideflächen gelangen. Selbst wenn wir hier kurz abstei-

gen müssen, so lohnt sich das auf jeden Fall. Denn nun sind wir an einer Art kleinen Bauernhof angekommen, wo große, flauschige 6 / Hochlandrinder und Schafe grasen. Die sanften, recht zutraulichen Tiere zu beobachten, ist sehr unterhaltsam und es gibt auch immer wieder Jungtiere zu bewundern.

Ride with a view

Das nächste Highlight wartet nur ein paar Meter weiter an der Waßmannsdorfer Chaussee. Hier bietet sich die Gelegenheit einen großartigen Ausblick auf die Umgebung und bis zum naheliegenden Flughafen zu genießen. Einziger Haken: Wir müssen ein paar Höhenmeter erklimmen, um zum 7 / Rudower Dörferblick (Waßmannsdorfer Chaussee 189, 12355 Berlin) zu gelangen. Wer nicht hochradeln möchte, stellt die Räder einfach unten beim Parkplatz an einem der Fahrradbügel ab und läuft hinauf oder lässt den Anstieg ganz aus. Im Anschluss geht es gen Norden weiter. Wir haben nämlich den südlichsten Punkt unserer Tour erreicht und radeln nun an der Stadtgrenze zwischen Feldern und Bäumen noch ein kleines Stück auf dem Berliner Mauerweg. Kurz nach dem Knotenpunkt 15 erstreckt sich eine kleine Birkenallee vor uns, die besonders im Herbst eine wunderbare Farbenpracht zeigt. Zwischen

85,6 M Ü. NN

Der Trümmerberg 7 / Rudower Dörferblick ist eine der höchsten Erhebungen Berlins. Wer dort hinauf radelt, wird nicht nur mit einer herrlichen Aussicht belohnt, sondern findet auch einen schönen Pausenplatz. Also Proviant einpacken und oben genießen!

◄ links / Wer ist hier neugieriger: wir oder das Hochlandrind? ▲ oben / Fernsicht vom Rudower Dörferblick

STADT-GUT

Auf dem 8 / Gut Britz finden zahlreiche Veranstaltungen für die ganze Familie statt, wobei hier die mittelalterlichen Märkte und die historische Märchenweihnacht hervorzuheben sind. Vorher den Veranstaltungskalender prüfen!

den Bäumen lässt es sich schnell vergessen, dass wir uns noch so nah an der Stadt befinden. Dies wird sich gleich wieder ändern.

Grün zwischen Beton

Am Kölner Damm verlassen wir den Berliner Mauerweg, um nach ein paar Metern auf der Lipschitzallee direkt am U-Bahnhof nach links in die Parkanlage Gropiusstadt abzubiegen. Die Radroute 10 führt dort mitten hindurch und gibt immer wieder Blicke auf die großen Wohnanlagen frei. Wir fahren weiter von Grünanlage zu Grünanlage und vermeiden so den Stadtverkehr nahezu vollständig.

Gutshofromantik mitten in der Stadt

Kurz vor dem Ziel wartet dann noch ein sehenswerter Stopp auf uns. Das 8 / Gut Britz (tgl. bis Dunkelheit, Alt-Britz 81-89, 12359 Berlin, schloss-gutshof-britz.de) mit seinen sanierten Häusern aus dem 19. Jh. müssen wir auf jeden Fall genauer betrachten. Also steigen wir am Eingang der Parchimer Allee vom Rad, denn Radfahren ist auf dem Gut nicht erlaubt, und schieben es über das weitläufige Gelände, das neben einem Museum und Kulturstall auch einen kleinen Bauernhof mit Nutztierrassen beherbergt. Zum Gut gehört auch ein schöner Schlosspark und das 9 / Schloss Britz (Di–So 12–18 Uhr, Alt-Britz 73, 12359 Berlin, schlossbritz.de), das viel mehr ein herrschaftliches Gutswohnhaus ist. Um 1700 wurde das heutige Gebäude als barockes repräsentatives Steinbauwerk neu errichtet und steht nun unter Denkmalschutz. Schließlich radeln wir parallel zur Fulhamer Allee zurück zum 1 / U-Bahnhof Parchimer Allee.

TOURENINFO / Größtenteils asphaltiert, für Familien geeignet, eine größere Steigung, die auch umgangen werden kann.

➤ **1** / U-Bahnhof Parchimer Allee ➤ **2** / Hufeisensiedlung ➤ **3** / Teltowkanal
➤ **4** / Mauergedenkstelle ➤ **5** / Wasserbüffelwiesen ➤ **6** / Hochlandrinder
➤ **7** / Rudower Dörferblick ➤ **8** / Gut Britz ➤ **9** / Schloss Britz

BERLIN

A 100

Teltowkanal

Teich Britz

BRITZ

Großsiedlung Britz (Hufeisensiedlung)

Britzer Verbindungskanal

BAUMSCHULENWEG

B 96a

OBERSCHÖNEWEIDE

Spree

NIEDERSCHÖNEWEIDE

JOHANNISTHAL

B 96a

Wasserwerk Johannisthal

A 113

Landschaftspark Johannisthal/Adlershof

START-ZIEL

GROPIUSSTADT

BUCKOW

Gartenstadt-Großziethen

L 75

Rohrpfühle

RUDOW

Krummer Katzenpfuhl

Parkanlage am Dörferblick

In den Gehren

SCHÖNEFELD

A 113

B 96a

Kleinziethen

L 75

Waßmannsdorf

START | ZIEL
U-Bahnhof Parchimer Allee

HINKOMMEN
Auto / Parkplatz Parchimer Allee/Fritz-Reuter-Allee, 12359 Berlin
ÖPNV / Mit der U7 kommt man direkt zum Startpunkt an der Parchimer Allee/Fritz-Reu-ter-Allee

2 km

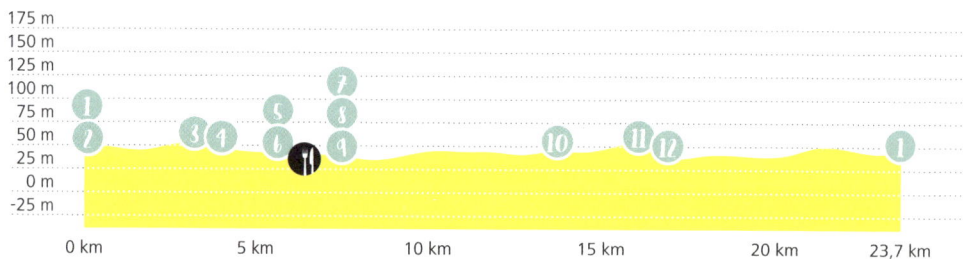

GRÜNE LUNGEN

Ich fahre diese Tour gern, um die richtige Mischung aus ungestörtem Radfahrgenuss im Grünen mit einer ordentlichen Prise Berliner Trubel zu kombinieren.

➤ **1 /** Los geht es am S-Bahnhof Tempelhof, wo die Tour auch endet

➤ **2 /** Wir radeln über einen der größten urbanen Freiräume der Welt, dem Tempelhofer Feld

➤ **3 /** Grünes Auf und Ab im Volkspark Hasenheide

➤ **4 /** Perfekt für einen Familienbesuch: der Tierpark Neukölln

➤ **5 /** Der lebhafte Bergmannkiez hat eine tolle neue Radspur

➤ **6 /** Bei Barcomis Café & Rösterei lässt es sich herrlich schlemmen

➤ **7 /** Ein Wasserfall mitten im Kiez im Viktoriapark Kreuzberg

➤ **8 /** Neues Grün und imposante Stahlbrücken im Park am Gleisdreieck

➤ **9 /** Ein Highlight für Groß und Klein, das Berliner Technikmuseum

➤ **10 /** Das Schöneberger Südgelände bietet Bahngeschichte, Natur pur und Kultur

➤ **11 /** Musik und Rosen im Sommer im Stadtpark Steglitz

➤ **12 /** Entlang des Ufers vom Teltowkanal radelt es sich entspannt

BERLINER PARKHOPPER

Zwischen **Bahnhistorie**
und **Berliner Grün**

Etwa sieben Parkanlagen befinden sich auf unserer abwechslungsreichen Park-Route, die in vielen Facetten das Bild der grünen Stadt Berlin unterstreichen. Kilometerlang lässt es sich dabei auf glattem Asphalt und naturbelassenen Wegen durch alte und neue Parks rollen.

Berliner Weite

Unsere Tour beginnt und endet am 1 / S-Bahnhof Tempelhof. Der ehemalige Flughafen Tempelhof und sein Flugfeld 2 / Tempelhofer Feld liegen direkt gegenüber. Das Feld ist mit seinen 300 Hektar eines der größten städtischen Freigelände weltweit und wird seit der Öffnung im Jahr 2010 von Berlinern und Besuchenden der Stadt vielfältig genutzt. Kein Wunder, denn die riesige Fläche, die im Nordwesten von den Hangars und dem alten Flughafengebäude begrenzt wird, bietet ausreichend Platz für allerlei sportliche Aktivitäten, Entspannung und sogar zum urbanen Gärtnern. Auf dem Tempelhofer Feld weht meist ein guter Wind. Doch wir treten fleißig in die Pedale, genießen die frische Brise, die uns um die Nase weht, und verlassen das Feld im Nordosten.

24 Kilometer
15 Höhenmeter
1:30 Stunden
Rundtour

CHARAKTER
Sportlich ●●○○○
Abkühlung ●●○○○
Schlemmen ●●○○○
Panorama ●●●○○

◄ links / Viktoriapark mit Wasserfall

Bezirks- und Parkhopping

Wir überqueren den Columbiadamm und gelangen in den grünen Volkspark 3 / Hasenheide in Neukölln. Dieser bietet im Gegensatz zum Tempelhofer Feld einiges an Schatten mit seinen vielen Bäumen und Grünflächen und ist mitunter sogar recht hügelig. Wir radeln Richtung Norden einmal hindurch, doch nicht ohne einen kleinen Stopp einzulegen an einem Ort, mit dem man hier sicherlich nicht unbedingt rechnet. Der 4 / Tierpark Neukölln (April–Okt. 9–19:30, Nov.–März 9–15:30 Uhr, Eintritt frei, Hasenheide 82, 10967 Berlin, tierpark-neukoelln.berlin) ist ein toller Platz für Familien mit Kindern, wo u. a. verschiedene, teilweise gefährdete Haustierrassen bestaunt werden können.

Lebendige Kieze

Nach den grünen Metern durch die Parks geht es nun nach Westen über die Straße der Hasenheide ins quirlige Kreuzberg. Vorbei an der imposanten Kirche am Südstern biegen wir nach links ab in die Fahrradstraße der Bergmannstraße. Und dann befinden wir uns plötzlich mittendrin in einem der abwechslungsreichen Berliner Kieze. Der 5 / Bergmannkiez mit seinen vielen Shops und Restaurants ist der perfekte Ort für eine Pause. Entweder auf einen Snack in der Marheineke Markthalle oder in einem der vielen Cafés, wie zum Beispiel 6 / Barcomis Café & Rösterei (Mo–Do 10–18, Fr–So bis 19 Uhr, Bergmannstraße 21, 10961 Berlin) mit leckeren Torten und hausgeröstetem Kaffee.

RADINFRASTRUKTUR

Im 5 / Bergmannkiez wurde 2021 eine neue Fahrradspur geschaffen, die abgetrennt durch Beete und Grün zur verkehrsarmen Fahrt durch die Straße einlädt.

Gedenken an eine Kaiserin und Naturkitsch

Wir folgen der Straße nach Westen und überqueren den quirligen Mehringdamm. Über den Radstreifen der Kreuzbergstraße radeln wir auf den Ende des 19. Jahrhunderts angelegten 7 / Viktoriapark

---

➤ rechts oben / Die neue getrennte Fahrradspur im Bergmannkiez
➤ rechts Mitte / Farbenfrohe Stadtbegrünung – so geht Stadtentwicklung

KM 3-5

In den Kiezen an den Bezirksgrenzen zu Tempelhof, Neukölln und Kreuzberg ("Kreuzkölln") ist einiges los. Abstecher vom 2 / Tempelhofer Feld ins Schillerkiez im Osten oder Graefekiez im Norden der 3 / Hasenheide lohnen sich für Einkehr oder Bummel.

zu. Der hügelige Park fällt besonders durch seinen terrassenartig angelegten Wasserfall als auch durch sein neugotisches Befreiungskrieg-Denkmal auf, das imposant auf dem Berggipfel des Kreuzbergs thront. Wir fahren daran vorbei und biegen nach rechts auf die Möckernstraße. Nach ca. 500 Metern wartet bereits die nächste Grünanlage auf uns, die sich gänzlich vom Viktoriapark unterscheidet.

VON PARK ZU PARK

Am Gleisdreieck und entlang der Bahngleise

Auf dem ehemaligen Bahngelände mitten in der Stadt ist der 8 / Park am Gleisdreieck (Möckernstraße 26, 10963 Berlin) als öffentlich zugängliche Grünfläche entstanden. Das im Norden befindliche 9 / Berliner Technikmuseum (Di–Fr 9–17:30, Sa–So 10–18 Uhr, Eintritt 8/4 €, Trebbiner Straße 9, 10963 Berlin, technikmuseum.berlin) reicht bis in den Ostpark hinein und auch die alte Windmühle, an der wir nun vorbeiradeln, gehört mit zum sehenswerten Museum. Wir passieren den Skatepark und biegen nach rechts ab. Entlang der Bahngleise der S-Bahn fahren wir nun einen kleinen Bogen nach Norden und wechseln vom Ostpark in den

Westpark. Nun sehen wir auch deutlich, woher der Name Gleis-dreieck stammt: Gleich zwei imposante Brückenbauten der Bahn mit großen Stahlträgern kreuzen die Parkfläche. Wir setzten den Weg auf der anderen Seite der S-Bahngleise Richtung Süden fort. Nach dem glatten Asphalt wird der Untergrund kurzzeitig etwas unebener. Doch das ist nach wenigen Metern geschafft und wir befinden uns auf dem Parkplatz eines Baumarktes an der Yorkstraße und wieder mitten im städtischen Gewusel. So schnell geht das in Berlin! Die Route führt nun über eine Nebenstraße auf den gut aus-gebauten Rad- und Fußweg des Nord-Süd-Grünzugs parallel zu den Bahngleisen. Ca. 1,5 Kilometer rollen wir, ungestört vom Straßen-verkehr, gen Süden. Am großen Bahnhof Südkreuz fahren wir über den Bahnhofsvorplatz und dann den Radwegzeichen folgend über eine kleine Brücke, die über den wuseligen Sachsendamm führt.

Freilandausstellung & Naturreservat zwischen den Gleisen

Zack, nächste Parkanlage erreicht: Zwischen den Gleisen der Bahn-linien liegt der Natur-Park 9 / Schöneberger Südgelände (Öffnung saisonal, 9–16, max. bis 21 Uhr, 1 €, Kinder unter 14 frei, Priester-weg, 12157 Berlin), der ein ehemaliger Rangierbahnhof ist. Heu-te ein Naturreservat und Veranstaltungsort mit dem ehemaligen

1892

… ist das Jahr, in dem die Marheineke Markthalle im Kreuzberger 5 / Bergmann-kiez eröffnet wurde. Sie ist seither nicht nur ein Ort für die Versorgung der Berliner mit frischen Lebensmitteln, Feinkost und Handwerk, sondern auch ein Platz zum Treffen und Austausch.

◀ **links / Park am Gleisdreieck** ▲ **oben / Der Radweg des Nord-Süd-Grünzugs führt uns parallel zu den Gleisen**

78

Der Trümmerberg 10 / Insulaner ist eine 78 m hohe Erhebung, die aus Stadttrümmern nach dem 2. Weltkrieg enstanden ist. Auf dem Gelände liegen auch die Wilhelm-Foerster-Sternwarte, ein Planetarium und ein Sommerbad.

Lokschuppen und dem angrenzenden Theater, lässt sich dort der Kontrast zwischen Bahnrelikten, Stadtnatur und Kunst in einer Art Freilandausstellung entdecken. Wir erreichen das Gelände nach ein paar Metern über Kopfsteinpflaster über die Fußgängerbrücke am S-Bahnhof Priesterweg, der links unserer Route liegt. Die Fahrräder müssen draußen bleiben, also an ein Schloss denken!

Ein Park geht noch

Anschließend fahren wir am 10 / Insulaner (Munsterdamm/Prellerweg, 12169 Berlin) vorbei, dem ältesten Trümmerberg Berlins und gelangen über Nebenstraßen in den Bezirk Steglitz. Der gleichnamige 11 / Stadtpark Steglitz ist eine hübsche Grünanlage mit einem schönen Rosengarten und einigen großen Spielplätzen.

Am Wasser entlang nach Osten

Nach so vielen Parks in der Stadt wird es Zeit für ein anderes Berliner Merkmal: Wasserwege. Direkt am Ausgang des Steglitzer Stadtparks liegt der Schifffahrtskanal 12 / Teltowkanal, der sich von Ost nach West quer durch den Berliner Süden zieht. Der uferbegleitende Weg unter schattigen Bäumen ist oft naturbelassen mit einigen Wurzeln und Steinen, aber gut mit einem Stadtfahrrad fahrbar. Am Wochenende sollte man hier besonders rücksichtsvoll unterwegs sein, da es auch ein beliebter Spazierweg ist. Jetzt nochmal tief durchatmen, bevor wir nach insgesamt vier Brückenquerungen schließlich den Weg gen Norden über den Radweg der Manteuffelstraße antreten und wieder am 1 / Bahnhof Tempelhof eintreffen.

TOURENINFO / Asphaltierte Straßen mischen sich mit gut fahrbaren Naturwegen, die für Familien machbar sind, auch mit Anhänger, kurze Kopfsteinpflasterabschnitte, größtenteils flach, wenige Straßen ohne Radweg.

➤ 1 / S-Bahnhof Tempelhof ➤ 2 / Tempelhofer Feld ➤ 3 / Hasenheide ➤ 4 / Tierpark Neukölln ➤ 5 / Bergmannkiez ➤ 6 / Barcomis Café & Rösterei ➤ 7 / Viktoriapark Kreuzberg ➤ 8 / Park am Gleisdreieck ➤ 9 / Berliner Technikmuseum ➤ 10 / Schöneberger Südgelände ➤ 11 / Stadtpark Steglitz ➤ 12 / Teltowkanal

BERLIN

Großer Tiergarten

TIERGARTEN

MITTE

KREUZBERG

SCHÖNEBERG

Volkspark Hasenheide

Tempelhofer Feld

TEMPELHOF

Schöneberger Südgelände

FRIEDENAU

Naturschutzgebiet Lebensraum für die Zauneidechse

LANKWITZ

STEGLITZ

MARIE...

START / ZIEL
Bahnhof Tempelhof, Tempelhofer Damm, 12099 Berlin

HINKOMMEN
Auto / Über die B96/Tempel-
hofer Damm
ÖPNV / Mit der Ringbahn oder
der U-Bahn direkt bis zum Bahnhof Tempelhof

START-ZIEL

2 km

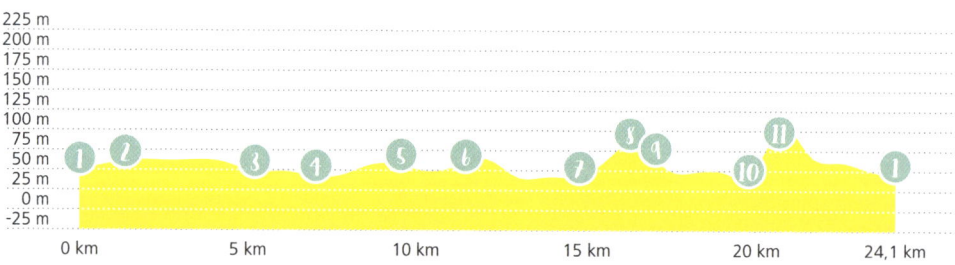

BERLINER KLASSIKER

Wenn mir mal nach „Klettern" innerhalb der Stadt und viel Wald und Grün ist, fahre ich diese Tour besonders gern – die perfekte Kombi aus Asphalt und Waldwegen.

➤ **1 /** Wir starten und enden am S-Bhf. Grunewald im größten Waldgebiet im Berliner Westen

➤ **2 /** Früher Sandabbau heute NSG: die Sandgrube im Jagen 86

➤ **3 /** Durch wildromantischen Sumpf im Naturschutzgebiet Langes Luch

➤ **4 /** Der Naturbadesee Krumme Lanke zum Entspannen

➤ **5 /** Über glatten Asphalt auf dem Kronprinzessinnenweg

➤ **6 /** Zwischen Havel und Wald entlang der Havelchaussee

➤ **7 /** Mit der Fähre rüber nach Lindwerder

➤ **8 /** Hoch hinauf auf den Grunewaldturm

➤ **9 /** Infos über die Grunewalder Natur erfahren wir durch Wald und Klima Infotafeln

➤ **10 /** Zu Besuch bei Naturschutzverband des Naturschutzzentrums Ökowerk

➤ **11 /** Einmalige Ausblicke auf Berlins zweithöchstem Berg genießen: dem Teufelsberg

DURCH DEN GRÜNEN WALD

Auf zum Teufelsberg – *über* glatten *Asphalt* und Stock und Stein

Wer in Berlin Höhenmeter sucht, der hat nicht so viele Optionen. Doch wenn man genau hinschaut, kann man sie finden. Exakt das machen wir auf dieser Runde durch den vielfältigen Grunewald über Waldwege und Asphalt.

Durch den Wald über Stock und Stein

Der Grunewald ist ein beliebtes Ausflugsziel für Spaziergehende und Radfahrende. Kein Wunder, ist der tier- und pflanzenreiche Wald doch durchzogen von zahlreichen Wegen und Seen, liegt direkt an der Havel und bietet sogar einen der schönsten Ausblicke der Stadt. Unsere Tour beginnt klassisch am 1 / S-Bahnhof Grunewald.

In die Sandgrube

Wir fahren zunächst über den Parkplatz am Schmetterlingsplatz und von dort über die schöne Allee des Schildhornwegs hinein in den Wald. Auf dem ersten Drittel der Tour werden wir primär auf festem Waldboden radeln. Kurz darauf kommen wir am Naturschutzgebiet der 2 / Sandgrube im Jagen 86 vorbei, welches in einem ehemaligen Sandabbaugebiet liegt und über Treppen und Rampen zum Teil betretbar ist. Wir setzen

24 Kilometer
95 Höhenmeter
2 Stunden
Rundtour

CHARAKTER
Sportlich ●●●○○
Abkühlung ●●●○○
Schlemmen ●●○○○
Panorama ●●●●○

◀ links / **Von Weitem sichtbar: Teufelsberg mit ehemaliger U.S.-Abhörstation aus dem Kalten Krieg**

unseren Weg Richtung Südwesten über einen breiten Waldweg fort bis wir auf den Teltower Weg stoßen und diesem bis zur Autobahnunterführung folgen.

Eiszeitlich geformte Landschaft

Südöstlich der AVUS Stadtautobahn befindet sich eine Landschaft, die ein stark eiszeitlich geprägtes Höhenprofil aufweist.

Dorthin führt uns nun der schmale Radweg entlang des Autobahnzubringers Hüttenweg mitten durch den Wald. Nach ca. 1,5 km biegen wir nach Süden in das Sumpfgebiet des 3 / Naturschutzgebiets Langes Luch ab und radeln auf weichem Waldboden entlang des Fenngrabens. Auch wenn wir hier etwas auf den Untergrund achten müssen, lohnt es sich doch, sich immer wieder umzuschauen und das wildromantische Naturschutzgebiet zu bestaunen. Schnell vergisst man, dass nur wenige hundert Meter weiter die pulsierende Großstadt dominiert.

Seenpanorama

Den Fenngraben überqueren wir etwas später über eine Holzbrücke und passieren die Onkel-Tom-Straße, um zum Sumpf und Flachgewässergebiet des Riemeisterfenn zu gelangen. Hier führt der Waldweg nördlich des Grabens entlang und bringt uns schließlich zur 4 / Krummen Lanke, ein gebogener See, der genau wie der folgende Schlachtensee ein beliebter Naturbadesee für die Berliner ist. Das Seepanorama ist besonders an einem sonnigen Herbsttag wunderschön, wenn sich die farbigen Laubbäume im ruhigen Seewasser spiegeln. Hier lässt es sich wunderbar vom Alltag abschalten. Nachdem wir uns an der Krummen Lanke etwas entspannt haben, schieben wir nun das Rad ein paar Meter eine kleine Anhöhe hoch und biegen nach rechts ab. Hier befinden sich

---

➤ **rechts oben / Entlang der Krummen Lanke radeln** ➤ **rechts Mitte / Herbstwald säumt die Krumme Lanke**

KM 6

Der Grunewald ist ein deutlich von
der Eiszeit geprägtes Waldgebiet.
Das sieht man z. B. besonders gut in
der glazialen Grunewaldseenrinne,
zu der Grunewaldsee, das sumpfige
3 / Naturschutzgebiet Langes Luch,
die 4 / Krumme Lanke und der auch
zum Baden beliebte Schlachtensee
im Süden gehören.

STRANDBAD

Folgt man dem 5 / Kronprinzessinnenweg weiter, liegt rechts nach
2 km das berühmte Strandbad
Wannsee, das besonders im Sommer ein reizvoller Abstecher ist.

am Parkplatz der Fischerhüttenstraße ein kleiner, typisch Berliner Imbiss und ein WC-Container.

Von Pflastersteinen zu smoothem Asphalt

WIE EINE PRINZESSIN: AUF FEINSTEM ASPHALT ZU STRÄNDEN

Jetzt wird es kurz etwas fordernder: Der Weg durch den Wald, der uns wieder zurück in den nördlichen Grunewald bringt, ist ein teilweise von alten Pflastersteinen überzogener Forstweg. Wenn das zu unbequem wird, kann aber nach rechts auf einen schmalen Waldweg ausgewichen werden. Nach knapp 1 km haben wir es geschafft und links erstreckt sich der perfekte Asphalt des unter Berliner Rennradfahrenden sehr beliebten 5 / Kronprinzessinnen-wegs. Hach, da rollt es wieder! Und weil das so schön ist, machen wir das jetzt noch ein paar Kilometer länger, und zwar auf einem weiteren Berliner Klassiker: der 6 / Havelchaussee, die durch den westlichen Grunewald unter Bäumen und unweit der Havel verläuft. Zur Abkühlung befinden sich entlang unserer Route nun auch einige Badestellen und kleine Strände.

Per Glockenruf auf die Havelinsel

Wer lieber einmal übers Wasser statt hinein möchte, hat dazu mit einer privaten Fähre die Gelegenheit, die auf Glockenruf auf die kleine Havelinsel 7 / Lindwerder (2 € für Hin- und Rückfahrt, Fahrräder 1 €, Havelchaussee 43, 14193 Berlin, lindwerder.de) übersetzt. Dort befindet sich ein gleichnamiges Restaurant mit Terrasse, welches saisonal geöffnet hat und einen schönen Blick über die Havel bietet. Ein toller Ort für eine Erfrischung im Sommer!

Hoch über den Bäumen

Nach der Inselpause radeln wir weiter über die Havelchaussee bis zum beeindruckenden 8 / Grunewaldturm (tgl. 11–18 Uhr, Havelchaussee 61, 14193 Berlin), ein roter Aussichtssturm im märkischen Backsteingotik-Stil. Hier begeben wir uns wieder auf die abwechslungsreichen Waldwege des Grunewalds, die nun etwas hügeliger werden. Auf den größtenteils gut fahrbaren festen Wald- und Schotterböden treffen wir vereinzelt auf ein paar Wurzeln und Sand.

Auf dem Infopfad

Dabei passieren wir lehrreiche Infotafeln über 9 / Wald und Klima, entdecken Aussichtsplattformen und Brücken mitten im Wald

200

Das ist die Anzahl der Stufen, die man bewältigen muss, um die herrliche Aussicht über Grunewald und Havel auf dem 8 / Grunewaldturm genießen zu können. Der Turm wurde Ende des 19. Jahrhunderts errichtet und ist 55 Meter hoch.

◀ links / Blilck auf die Lindwerder Havel ▲ oben / Hoch ragt der Grunewaldturm über die Bäume

AUSSICHT

Unterhalb der Abhörstation am 11 / Teufelsberg befinden sich neben der Route zahlreiche Aussichtspunkte, die einen einmaligen Stadt- und Grunewaldblick bieten.

und erleben die vielfältige Natur des Grunewalds in verschiedenen Facetten. Unweit des Teufelssees befindet sich dazu passend das 10 / Naturschutzzentrum Ökowerk (Fr–So 11–16 Uhr, Teufelssee-chaussee 22, 14193 Berlin, oekowerk.de) mit seinen roten Back-steingebäuden. Der Naturschutzverband gibt u. a. Workshops und Führungen und ein kleines Bistro findet man hier auch.

An der alten Abhörstation

Der fulminante Abschluss unserer Tour ist sicherlich die Auffahrt zum Trümmerberg 11 / Teufelsberg (tgl. 11 Uhr bis Sonnenunter-gang, 8/6 €, Teufelsseechaussee 10, 14193 Berlin, teufelsberg-berlin.de), der mit 120 m ü. NN die zweithöchste Erhebung Ber-lins ist. Das markante Wahrzeichen auf der Spitze des Berges, die ehemalige U.S.-Abhörstation aus dem Kalten Krieg mit ihren cha-rakteristischen Kuppeln, ist schon von Weitem sichtbar. Einst ein beliebter Lost-Place, heute eine betriebene Anlage mit Aussichts-möglichkeit und Wandkunst zahlreicher Street-Art Künstler. Wir fahren an der Anlage vorbei den Berg wieder hinunter, zunächst über einen anfangs unebenen Weg, der dann in eine geteerte Stra-ße übergeht. Dabei passieren wir auch den etwas kleineren Dra-chenberg, der einen ebenso tollen Rundumblick bietet. Am Ende gönnen wir uns noch ein entspanntes Ausrollen über den Asphalt der Fahrradstraße der Teufelsseechaussee bevor wir nach links in die Kleingartenanlage und Richtung 1 / Bahnhof Grunewald ab-biegen und wieder am Ausgangspunkt unserer Tour ankommen.

BACK-STEIN

Das 10 / Naturschutz-zentrum Ökowerk liegt auf dem Gelände des ehemaligen und ältesten noch als Gesamtanlage er-haltenen Wasserwerks der Stadt – gebaut Ende des 19. Jahrhunderts. Der hohe rote Backsteinschornstein des Kesselhauses ragt über allem empor.

TOURENINFO / Abwechslungsreiche Naturrunde mit einem Gemisch aus Waldwegen und Asphalt, Rad mit etwas Reifenprofil ist aufgrund der ver-schiedenen Untergründe mit Wurzeln und Steinen sinnvoll. Enthält ein paar kleinere, moderate und eine größere Steigung.

➤ 1 / S-Bahnhof Grunewald ➤ 2 / Sandgrube im Jagen 86 ➤ 3 / Naturschutzge-biet Langes Luch ➤ 4 / Krumme Lanke ➤ 5 / Kronprinzessinnenweg ➤ 6 / Havel-chaussee ➤ 7 / Lindwerder ➤ 8 / Grunewaldturm ➤ 9 / Wald- und Klima-Infoweg ➤ 10 / Naturschutzzentrum Ökowerk ➤ 11 / Teufelsberg

Fließwiese
uhleben

chlucht

wald

WESTEND

B 2;B 5

B 2;B 5

B 2;B 5

A 115

Postfenn
und
Teufelsfenn

11

10

Grunewald

1

P

S

GRUNEWALD

Sandgrube
im
Jagen
86

2

START-ZIEL

Barssee
und
Pechsee

9

Hundekehlefenn

8

Havel

OW

Grunewaldsee

Grunewaldsee
(südlicher
Teil)

7

3

Langes
Luch
Dachsheide

DAHLEM

Grunewald

4

Riemeisterfenn

5

Krumme Lanke

BERLIN

U

U

U

Grunewald

6

Schlächtensee

S

SCHLACHTENSEE

2 km

WASSER PUR

Dies ist die ultimative urbane Sommertour für mich. Sie führt fast durchweg am Wasser entlang und bietet ausreichend Möglichkeiten für einen Sprung ins kalte Nass.

> 1 / Die Tour beginnt und endet am U-Bahnhof Haselhorst in Berlin Spandau

> 2 / Vorbei an der Festung Zitadelle Spandau mit dem ältesten Gebäude Berlins

> 3 / Entspannt über den Fluss mit der Havel Fähre

> 4 / Abkühlung gibt es im Strandbad Tegeler See

> 5 / Das Wildgehege im Tegeler Forst verzaubert Groß und Klein

> 6 / Berlins ältester Baum trägt den ungewöhnlichen Namen Dicke Marie

> 7 / Einmalige Brückenimpressionen auf der Sechserbrücke im Tegeler Hafen

> 8 / Auf 'ne erfrischende Eispause beim Pavillon am See

> 9 / Berlin mit britischem Flair gibt es auf der Greenwichpromenade

> 10 / Ein Geschenk des englischen Partnerbezirks steht auf dem Kanonenplatz

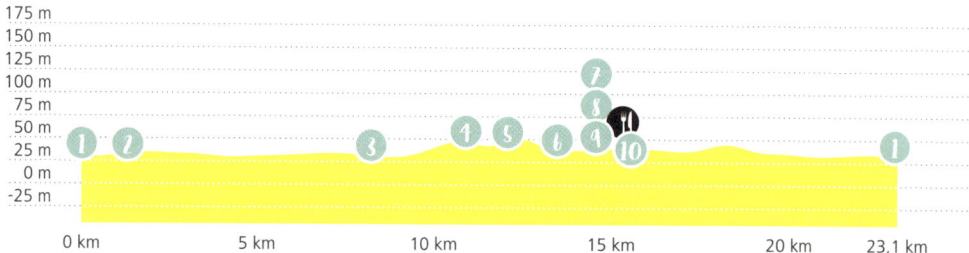

UFERWEGE IM WESTEN

Rund um den *Tegeler See*

Immer am Wasser entlang führt uns diese erfrischende Tour um Berlins zweitgrößten See im Westen der Stadt. Eine sommerliche Abkühlung ist hier nie weit weg. Nebenher radeln wir vorbei an historischen Anlagen, über zahlreiche Brücken, fahren Fähre und tanken Energie unter schattigen Bäumen.

23 Kilometer
15 Höhenmeter
1:45 Stunden
Rundtour

Veranstaltungsfestung

Die erfrischende Runde startet und endet am 1 / U-Bahnhof Haselhorst in Berlin Spandau. Auch der S-Bahnhof Spandau ist nicht weit weg und bietet sich als alternativer Tourenstart an. Bereits kurz nach unserem Aufbruch passieren wir die historische 2 / Zitadelle Spandau (Fr–Mi 10–17, Do 13–20 Uhr, 4,50/2,50 €, Am Juliusturm 64, 13599 Berlin, zitadelle-berlin.de), eine imposante, im Spandauer See gelegene Festung aus dem

CHARAKTER
Sportlich ●●○○○
Abkühlung ●●●●○
Schlemmen ●●●○○
Panorama ●●●○○

16. Jahrhundert mit großer Wehranlage. Die Zitadelle beherbergt nicht nur Berlins ältestes Gebäude, den Wehr- und Wachturm Juliusturm aus dem 13. Jahrhundert, sondern auch Museen und Ausstellungen – und mit 10.000 Fledermäusen, die hier den Winter verschlafen, auch eines der größten Fledermausquartiere in Europa.

◄ links / Zitadelle Spandau mit Spandauer See

An der Havel entlang …

Wir verlassen die Straße Am Juliusturm nach rechts und radeln nun für die nächsten ca. 6 Kilometer auf dem Havel-Radweg vorbei am Brauhaus Spandau und durch ruhige Wohnsiedlungen gen Norden. Wir entdecken dabei u. a. beeindruckende Brückenbauten wie den langen, geschwungenen Fachwerk-Stahlbau der denkmalgeschützten Großen Eiswerderbrücke, die hinüber auf die namensgebende Insel führt. Irgendwann werden die Wohnhäuser kleiner und wir fahren auf dem asphaltierten Radweg direkt am Wasser entlang. Dabei geht es vorbei an kleinen Segelhäfen und wir überqueren die Rad- und Fußgängerbrücke über den malerisch gelegenen Aalemannkanal.

BERLINER WASSERWEGE

Spandau ist sehr wasserreich und zwei der großen Berliner Flüsse, die Spree und die Havel, treffen im westlichsten Berliner Bezirk aufeinander.

… und hinüber

Hier verlassen wir den Havel-Radweg und begeben uns für kurze Zeit aufs Wasser. Die 3 / Havel Fähre (ganzjährig, Mo–Fr 6–20, Sa–So 8–20, Nov.–März bis 19 Uhr, alle 10 Min., 1/0,50 € inkl. Fahrrad, Aalemannufer 14, 13587 Berlin, faehre-berlin.de) trägt uns innerhalb weniger Minuten entspannt hinüber nach Tegelort und somit von Spandau in den Reinickendorfer Ortsteil Tegel. Dabei ist kurz Zeit, den schönen Ausblick auf die Havel zu genießen und sich den frischen Wind um die Nase wehen zu lassen.

Der Zweitgrößte

Sobald wir die Fähre verlassen haben, fahren wir nach Süden auf dem schönen Uferweg der Tegeler See-Route, vorbei an zahlreichen Anlegestellen und immer mit wunderbarem Wasserblick. Langsam kommt echtes Urlaubsfeeling auf! Kurz darauf radeln wir in den schattenspendenden Wald hinein und genießen die erfrischende Nähe zu Berlins zweitgrößtem See, dem 450 Hektar

---

➤ **rechts oben / Fachwerk-Stahlbau der Großen Eiswerderbrücke**
➤ **rechts Mitte / Über eine Brücke gelangen wir in die Zitadelle**

KM 2

Die 2 / Zitadelle Spandau ist ein
beliebter Veranstaltungsort. Im Sommer treten beim Open-Air Citadel
Music Festival viele internationale
Künstler in der einzigartigen Kulisse
der Festung auf. Also vorab ruhig
mal den Veranstaltungskalender
prüfen, denn hier ist fast immer
etwas los!

WEG-
ALTERNATIVE
Die 7 / Sechserbrücke am Tegeler
Hafen lässt sich einfach umgehen,
indem man der Tegeler-See-Route
folgt und einen kleinen Bogen um
das Hafenbecken macht.

großen Tegeler See. Ab jetzt bieten sich auch immer wieder Bade-
gelegenheiten, denn es gibt nicht nur einige kleine Strände, sondern auch ein größeres 4 / Strandbad Tegeler See (Juni–Ende Aug.
9–20 Uhr, 3/2 €, unter 16 Jahren frei, seeee.de), welches unter dem
Vereinsdach ein erweitertes Kultur- und Erholungskonzept bieten
möchte. Ein guter Pausenort mit Imbiss vor allem im Sommer.

Berlins Wälder

Wir befinden uns nun im herrlichen Tegeler Forst, der zu den größten Wäldern der Stadt gehört. Außer Natur pur hat der landeseige-
ne Forst noch einiges mehr zu bieten. Auf dem Schwarzen Weg am
westlichen Ufer des Tegeler Sees kommen wir u. a. auch an einem
5 / Wildgehege (Schwarzer Weg 17, 13505 Berlin) mit Muffelwild,
Damwild und Wildschweinen vorbei. Ein kurzer Stopp, um die
schönen Tiere zu beobachten, sollte auf jeden Fall drin sein. Und
neben den tierischen Freunden finden wir ca. 1,5 Kilometer weiter
auch ein besonderes, pflanzliches Highlight. Die 6 / Dicke Marie
(An der Malche 1, 13507 Berlin) steht unweit des Schlossparks Te-

ZU BERLINS
ÄLTESTEM
BAUM

gel am nördlichsten Punkt des Sees. Die Stieleiche gilt als Berlins ältester Baum und hat einen Stammumfang von über 6 Metern.

Eispause mit Urlaubsatmosphäre

Über die Hälfte unserer Tour haben wir bereits hinter uns. Während wir nun langsam gen Süden radeln, kommen wir auch wieder in ein etwas urbaneres Umfeld, bleiben jedoch immer in der Nähe des Wassers. Wir haben den Tegeler Hafen und die sehenswerte Tegeler Hafenbrücke, die volkstümlich 7 / Sechserbrücke genannt wird, erreicht. Um diese eindrucksvolle Stahlbogenbrücke aus dem Jahr 1909 zu überqueren, müssen wir kurz vom Rad steigen und dieses über die Führungsschienen an den Treppen nach oben schieben. Während nur etwas weiter westlich vom Tegeler See das trubelige Stadtleben tobt, genießen wir am Ufer des Sees entspannte Urlaubsstimmung und machen am 8 / Pavillon am See (Wilkestrasse 1, Tegeler Hafen, Brücke 6, 13507 Berlin) erst einmal eine kurze Eispause bevor es nach England weiter geht.

London in Berlin

England? Korrekt! Denn dank einer Städtepartnerschaft des Berliner Bezirks Reinickendorf mit dem Londoner Stadtteil Greenwich

MARIE

Das über 900 Jahre alte Naturdenkmal der 6 / Dicken Marie hat ihren ungewöhnlichen Namen durch die berühmten Humboldt-Brüder erhalten, die als Kinder unweit der Eiche im Schloss Tegel lebten. Ihre Inspiration: der Name der beleibten Köchin des Schlosses.

◄ **links / Durch den Tegeler Forst** ▲ **oben / Wir schieben über die Sechserbrücke**

BOR-SIG

Unweit des Tegeler Sees befand sich um 1900 die größte Lokomotivproduktion Europas, inklusive Hafen und Arbeitersiedlung – gebaut durch das Unternehmen der Familie Borsig. Der Borsigturm auf dem Borsigwerkgelände war 1922 mit 65 Metern Berlins erstes Hochhaus.

wurde 1966 die aufgehübschte Uferpromenade in 9 / Greenwichpromenade (Borsigdamm, 13507 Berlin) umbenannt. Als sichtbares Zeichen dieser Partnerschaft kann man auf der Promenade einige Geschenke des Londoner Partnerbezirks entdecken. So wie auf dem 10 / Kanonenplatz am Ende der Promenade, wo die beiden über 2 Tonnen schweren gusseisernen Kanonen aus dem 18. Jh. stehen.

Uferweg-Romantik

Wenn wir dann parallel zum Borsighafen an dem mit Mosaiken gestalteten Stahlbetonbogen aus den 60er Jahren vorbeigeradelt sind, lassen wir schnell die urbane, ehemals stark industriell geprägte Zone hinter uns. Wir pedalieren bald wieder am herrlich ruhigen Uferweg des Sees entlang, wo nun fester Sand- und Schotterboden den Untergrund gestaltet, der sich aber zum Großteil gut fahren lässt. Der Weg führt vorbei an zahlreichen Yacht- und Segelclubs mit ihren Anlegestellen. Auch viele kleine Badestrände laden hier im Sommer zu einer Abkühlung ein.

Finale in Haselhorst

Eine Rad- und Fußgängerbrücke, der Saatwinkler Steg, führt uns über den Berlin-Spandauer-Schifffahrtskanal in eine idyllisch gelegene Kleingartenanlage. Wir befinden uns nun bereits im Spandauer Ortsteil Haselhorst. Nach knapp 3 km über größtenteils Nebenstraßen an Kanal und Reichsforschungssiedlung Haselhorst vorbei erreichen wir den 1 / U-Bahnhof Haselhorst – entspannt und erfrischt nach einer abwechslungsreichen Tour am Wasser.

TOURENINFO / Größtenteils asphaltierte Radwege mit ein paar festen Schotter- und Sandböden im Wald, ohne relevante Steigungen, gut fahrbar mit dem Stadt- und Trekkingrad. Badesachen einpacken!

➤ 1 / U-Bhf. Haselhorst ➤ 2 / Zitadelle Spandau ➤ 3 / Havel Fähre ➤ 4 / Strandbad Tegeler See ➤ 5 / Wildgehege ➤ 6 / Dicke Marie ➤ 7 / Sechserbrücke ➤ 8 / Pavillon am See ➤ 9 / Greenwichpromenade ➤ 10 / Kanonenplatz

HEILIGENSEE

A 111

Tegeler
Forst
(nördlicher
Teil)

der Neuendorf

Papenberge

Havel

Baumberge

Tegeler
Fließ

⑥

⑦

⑧

i

⑨

KONRADSHÖHE

andauer
Forst

L 172

⑤

⑩

TEGEL

Teufelsbruch
und
Nebenmoore

Tegeler See

④

Havel

③

Inseln
im
Tegeler
See

Berlin-Spandauer-Schifffahrtskanal

HAKENFELDE

START / ZIEL
U-Bahnhof Zitadelle Spandau

HINKOMMEN

Auto / Parkplatz Zitadellen-
weg, 13599 Berlin, nahe Zitadelle Spandau

ÖPNV / Mit der U7 bis
Haselhorst oder der S3/S9 bis
Spandau und mit dem Rad ca.
1 Kilometer gen Norden entlang
des Havel-Radweges an der
Sternbergpromenade

Havel

Spandauer See

Spandauer
Zitadelle

②

HASELHORST

SIEMENSTADT

Siemensstadt

①U

START-ZIEL

BERLIN

PANDAU

Ruhlebener Altarm

Spree

Faule
Spree

A 100

Fließwiese
Ruhleben

2 km

TOURITOUR MAL ANDERS

Eine abwechslungsreiche Tour, die ich für ein ungewöhnliches Entdecken der Stadt empfehlen kann – die perfekte Touritour, die du so noch nicht gemacht hast!

➤ **1** / Start und Ziel ist der pulsierende Berliner Hauptbahnhof in Mitte

➤ **2** / Zwischen modernen und historischen Bauten durchs Regierungsviertel

➤ **3** / Ausblick genießen von der Aussichtsplattform des Reichstags

➤ **4** / Vorbei am Kongresszentrum des Hauses der Kulturen der Welt

➤ **5** / Der Große Tiergarten ist die grüne Lunge Berlins

➤ **6** / Im Zentrum des Tiergartens thront die Goldelse oben auf der Siegessäule

➤ **7** / Perfekt für eine Pause im schattigen Biergarten: der Schleusenkrug

➤ **8** / Wer mehr Zeit mitbringt, sollte den großen Zoo Berlin besuchen

➤ **9** / Barocker Prunk und herrliche Gärten im Schlosspark Charlottenburg

➤ **10** / Immer entlang am Uferweg des Berlin Spandauer Schifffahrtskanals

➤ **11** / Die größte Berliner Hafenanlage Westhafen beeindruckt noch heute

BERLINER KONTRASTE

Städtische *Wasserwege* und
Regierungsprunk

Eine Stadtrundfahrt wie du sie noch nicht gemacht hast! Wir fahren zwischen modernen Beton- und prunkvollen Barockgebäuden entlang der zahlreichen Berliner Grünflächen und Gewässer, allen voran die berühmte Spree – perfekt auch an heißen Tagen!

TOUR, DIE DU SO NIE GEMACHT HÄTTEST

20 Kilometer
20 Höhenmeter
1:30 Stunden
Rundtour

Zwischen Stahl, Beton und Glas

Unsere Tour startet im Herzen Berlins am imposanten 1 / Berliner Hauptbahnhof (Washingtonplatz 2, 10557 Berlin). Glas, Stahl und Beton dominieren nicht nur hier, sondern auch im Neubauviertel südlich der Spree. Herzlich Willkommen im modernen Berliner 2 / Regierungsviertel mit Bundestag, Bundeskanzleramt sowie zahlreichen weiteren Regierungsgebäuden! Und wir rollen mit den Fahrrädern mitten hindurch! Vom Bahnhof aus links folgen wir dem Radweg am Kapelle-Ufer, der uns direkt ins Herz der deutschen Regierung bringt: Am Nordufer der Spree am Schiffbauerdamm hat man einen großartigen Blick auf das gegenüberliegende Bundestagsgebäude. Dorthin radeln wir über die Marshallbrücke und gelangen so erneut über die Spree. Hier lässt sich etwas

CHARAKTER

Sportlich ●○○○○
Abkühlung ●●●●○
Schlemmen ●●○○○
Panorama ●●●●○

◄ links / Siegessäule mit Aussichtsplattform, entworfen von Johann Heinrich Strack

Zeit verbringen, die Architektur zwischen Moderne und Historie bestaunen oder gar einen Rundgang durch die erstaunliche Glaskuppel des 3 / Reichstags machen (nach Res., Platz der Republik 1, 11011 Berlin, bundestag.de).

Grüne Lunge

Wir rollen weiter über die John-Foster-Dulles-Allee nach Westen und vorbei am ungewöhnlichen Bau des 4 / Hauses der Kulturen der Welt (John-Foster-Dulles-Allee 10, 10557 Berlin). Das Kongress- und Veranstaltungsgebäude ist ein reizvolles Fotomotiv. Bevor wir es richtig gemerkt haben, sind wir schon mittendrin im Berliner 5 / Tiergarten! Das grüne Herz der Stadt erstreckt sich auf knapp 3 km vom Brandenburger Tor bis zum Zoologischen Garten, in der Länge geteilt von der mehrspurigen Straße des 17. Juni. Im schattigen Grün der Kastanienallee atmen wir durch und entspannen uns vom touristischen Treiben des Regierungsviertels. Wir kreuzen die Bellevueallee, die ihren Namen nicht von ungefähr hat.

ARCHITEKTUR DER 60ER JAHRE

Das 4 / Haus der Kulturen der Welt erinnert in der Form an eine große Muschel, was ihr auch den Beinamen „Schwangere Auster" eingebracht hat.

Stadtpanorama

Schließlich gelangen wir zur Straße des 17. Juni und zum Großen Stern, in dessen Mittelpunkt ein weiteres Berliner Wahrzeichen thront: die 6 / Siegessäule, die u. a. an den preußischen Sieg im Deutsch-Dänischen-Krieg 1864 erinnert (April–Okt., Mo–Fr 9:30–18:30, Sa–So bis 19, Nov.–März bis 17:30 Uhr, Eintritt: 3,50/3,00 €, Großer Stern, 10557 Berlin, berlin.de/orte/sehenswuerdigkeiten/siegessaeule).

Tiergarten?

Sobald wir wieder auf dem Rad sitzen, gönnen wir uns noch ein wenig grüne Entspannung und radeln über den Bremer Weg par-

---

➤ rechts oben / Hier tagt die deutsche Bundesregierung ➤ rechts Mitte / Am Schiffbauerdamm im Regierungsviertel

KM 2

Das Gebäude des 3 / Reichtags wurde mehrfach umgestaltet – zuletzt in
den 90ern durch den Architekten Sir
Norman Foster. Die Aussichtsplattform der Stahl und Glaskonstruktion
der Kuppel befindet sich auf über
40 m Höhe und bietet grandiose
Ausblicke.

SCHLOSS BELLEVUE

Auf der Kastanienallee im 5 / Tiergarten lohnt ein Blick nach rechts die Bellevueallee hoch: Sie bietet eine tolle Sicht auf den Sitz des Bundespräsidenten.

allel zur Straße des 17. Juni. Aufmerksame Augen können hier auch zu allen Tageszeiten zahlreiche Tiere beobachten. Neben den üblichen Verdächtigen wie Stockenten und allerlei Singvögeln, wohnen auch viele Eichhörnchen und Kaninchen im Tiergarten. Andere Bewohner wie Waschbären, Füchse und Fledermäuse lassen sich allerdings nur mit viel Ruhe und am Ehesten in der Dämmerung entdecken. Also Augen auf!

TOUR, DIE DU SO NIE GEMACHT HÄTTEST

Pause an der Tiergartenschleuse

Wir biegen nach links ab und queren über zwei Schleusenbrücken den Landwehrkanal. Direkt an der Tiergartenschleuse lädt der 7 / Schleusenkrug (Sommer, tgl. 10–00:30 Uhr, ab Nov. Mi–Fr 10–18, Sa–So bis 19 Uhr, schleusenkrug.de) bereits seit Mitte der 60er Jahre zu einer Pause ein. Heute können wir uns vom Frühstück bis zum Abendessen dort im Biergarten oder den Innenräumen mit allerlei Leckereien verwöhnen. Direkt links daneben liegt auch der 8 / Zoo Berlin. Wer also mehr Zeit mitbringt, kann einen Abstecher machen und Tiere verschiedenster Art bestaunen.

Von Barockprunk und Gartenkunst

Für uns geht es nun nordwestlich weiter entlang des Landwehrkanals, der bald wieder auf die Spree trifft, der wir weiter folgen. Es liegen ein paar herrliche Kilometer Uferweg vor uns, auf denen es immer wieder schöne Ausblicke, Brücken und Gebäude zu entdecken gibt, wie zum Beispiel die stählerne Fußgängerbrücke Siemenssteg. Über das Charlottenburger Ufer nähern wir uns nun architektonisch einem großen Kontrast zum Start unserer Tour. Links des Kanals liegt der traumhafte 9 / Schlosspark Charlottenburg (Spandauer Damm 10–22, 14059 Berlin, spsg.de) und das Schloss selbst.

Am Wasser entlang durch den Schlossgarten

Der Uferweg ist zum Radfahren freigegeben, doch es lohnt hier, auch mal abzusteigen und ein paar Meter durch die eindrucksvolle Barockanlage zu schlendern. Wir folgen dem Uferweg bis zu den Bahngleisen der Ringbahn und überqueren die Spree über die schmale Fußgängerbrücke. Auf der anderen Seite gibt es leider nur eine Treppe. Wer diese vermeiden möchte, radelt den Uferweg wieder zurück bis zur Schlossbrücke und überquert dort die Spree. Auf der anderen Seite am Tegeler Weg gibt es einen straßenparallelen Radweg, der wieder auf unsere Route führt.

285

Über 285 Stufen kann man bis zur Aussichtsplattform der 6 / Siegessäule direkt unter der glänzenden Figur der geflügelten Goldelse gelangen und wird mit einem atemberaubenden Blick über die Stadt belohnt.

◄ links / Siemenssteg über die Spree ▲ oben / Schloss Charlottenburg

BAROCKER PRUNK

Der 9 / Schlosspark Charlottenburg ist Ende des 17. Jh. im französischen Stil entstanden und lädt noch heute zum entspannten Bummel ein.

BEHALA

Noch einige der alten 11 / Westhafen-Speicher, allen voran das große Gebäude mit dem BEHALA-Schriftzug (Berliner Hafen- und Lagerhaus AG), sind erhalten und bezeugen die ehemalige Wichtigkeit der Hafenanlage für die Stadt. Sie steht heute unter Denkmalschutz.

Am größten Hafen der Stadt

Auf dem Radweg fahren wir nach Norden über den Siemensdamm und ein kurzes Stück parallel zur A 111. Um die rauschende Autobahn zu vermeiden, biegen wir ab und radeln durch eine Kleingartenkolonie auf der Straße 70 bis zum 10 / Berlin-Spandauer Schifffahrtskanal. Der Uferweg ist Teil der Eurovelo 7 Route und führt uns wieder in Richtung Innenstadt. Dabei kommen wir am Plötzensee vorbei, wo im Sommer ein Strandbad Erfrischung ermöglicht. Nachdem wir die Seestraße überquert haben, bietet sich nun vom Uferweg aus ein guter Blick auf die größte Hafenanlage Berlins: der 11 / Westhafen (Westhafenstraße, 13353 Berlin).

Alt und neu

Für uns geht es nun immer weiter am Schifffahrtskanal nach Süden. Spannend ist es auch hier wieder, die abwechslungsreiche Architektur zu beobachten, die zwischen modernen Neu- und historischen Altbauten die Stadt gestaltet. Wir radeln ein Stück über einen der ältesten Berliner Friedhöfe, den Invalidenfriedhof und können ein paar Meter weiter auf der anderen Uferseite den alten Hamburger Bahnhof ausmachen. Geschafft, denn wir sind am Ausgangspunkt unserer Tour durch Berlin angekommen und befinden uns wieder am 1 / Berliner Hauptbahnhof. Eine vielfältige Runde zwischen Historie und Moderne liegt hinter uns, wie du sie in Berlin sicherlich so noch nie gemacht hast!

TOUR, DIE DU SO NIE GEMACHT HÄTTEST

TOURENINFO / Zahlreiche Stopps laden zur Besichtigung ein – Zeit einplanen! Mix aus Asphalt und gut fahrbaren Naturwegen mit etwas Kopfsteinpflaster. Inkludiert eine Treppe, die aber umfahren werden kann. Viel Schatten und an Gewässern entlang, daher perfekt für warme Tage in der Stadt mit Bademöglichkeit am Plötzensee.

> 1 / Berlin Hauptbahnhof > 2 / Regierungsviertel > 3 / Reichstag > 4 / Haus der Kulturen der Welt > 5 / Tiergarten > 6 / Siegessäule > 7 / Schleusenkrug > 8 / Zoo Berlin > 9 / Schlosspark Schloss Charlottenburg > 10 / Berlin Spandauer Schifffahrtskanal > 11 / Westhafen

START / ZIEL

Berlin Hauptbahnhof, Washington-platz 2, 10557 Berlin

HINKOMMEN

Auto / Tiefgarage Hauptbahn-hof P1, Clara-Jaschke-Straße 88, 10557 Berlin

ÖPNV / Zahlreiche Fernzüge, Regionalzüge und U-(U5) und S-Bahnlinien (S75, S7, S5, S3) halten am Berliner Hauptbahn-hof.

BERLIN

START-ZIEL

2 km

URBANER FREIRAUM

Kopf durchpusten auf einer Feierabend-Runde, wie hier auf einer ehemaligen Landebahn am zugigen Tempelhofer Feld auf Tour 6

MEHR ERFAHREN

SPANNENDE TAGESTOUREN DIE JEDER SCHAFFT

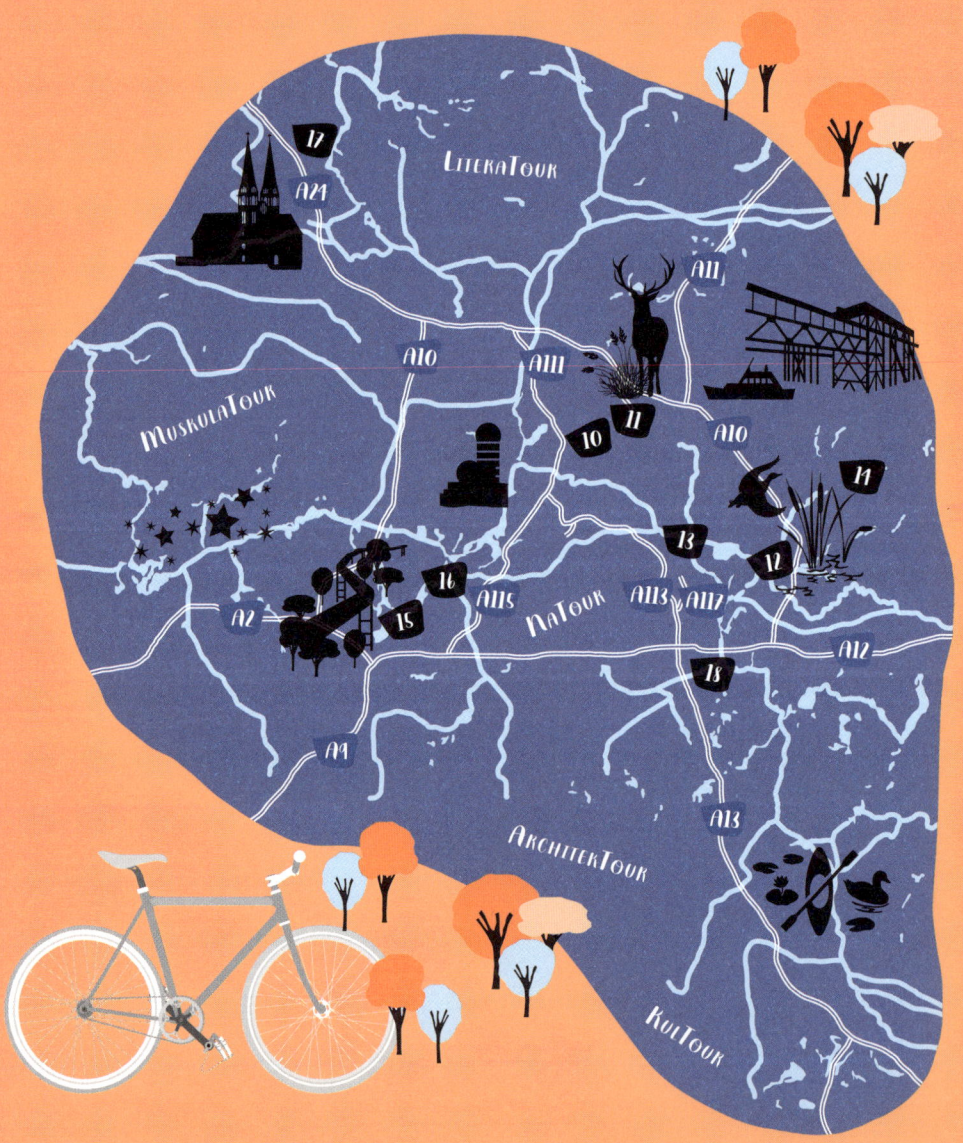

ON- & OFFROAD

Diese Tour ist für mich das perfekte Beispiel für die Schönheit, die man unweit der eigenen Haustür finden kann – auf- und abseits bekannter Wege.

➤ **1 /** Wir starten und enden im Berliner Norden am S-Bahnhof Pankow

➤ **2 /** Vom Barock bis in die Gegenwart verzaubert der Schlosspark Schönhausen

➤ **3 /** Die Arkenberge ragen weit über die Landschaft empor

➤ **4 /** Den leckersten Kuchen gibt es im Café Rosarot

➤ **5 /** Im NSG Tegeler Fließ erlebt man wilde Natur direkt am Stadtrand

➤ **6 /** Die Wasserbüffel am Fließ kann man mit etwas Glück entdecken

➤ **7 /** Ein Eis geht immer, zum Beispiel in der Eisdiele Angelina

➤ **8 /** Übers Kopfsteinpflaster ins alte Angerdorf Lübars

➤ **9 /** Frisches regionales Gemüse erhält man beim Kräuterhof Lübars

➤ **10 /** Auf einen Abstecher in den größten Schulgarten Berlins in den Botanischen Volkspark

➤ **11 /** Historische Kulisse am Schloss Schönhausen

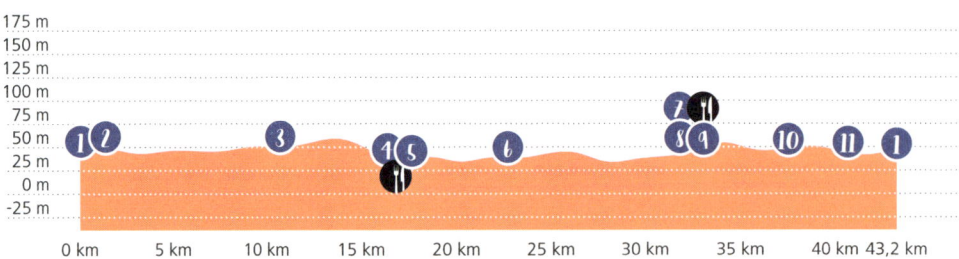

STADTRANDSAFARI

Einmalige Natur *im*
Berliner Norden

Diese traumhafte Runde an die nördliche Stadtgrenze zeigt: Für einzigartige Natur muss es nicht immer weit hinausgehen. Wir beobachten Tiere inmitten von Naturschutzgebieten, erleben wilde Landschaften abseits asphaltierter Radwege und genießen weite Ausblicke über Stadt und Feld.

43 Kilometer
15 Höhenmeter
3:30 Stunden
Rundtour

Durch den Schlosspark

Auf zur Stadtrandsafari für Groß und Klein! Vom 1 / S-Bahnhof Pankow folgen wir dem Radweg der Berliner Straße nach Norden, bis wir auf den 2 / Schlosspark Schönhausen (Am Schloßpark, 13187 Berlin) stoßen. Dieser schöne Garten aus der Barockzeit lässt sich auf festen Sandwegen entspannt durchfahren. Dem Verlauf des Flusses Panke folgend fahren wir über die Schloßallee mit ihren hübschen Villen bis zur breiten Pasewalker Straße. Hier geht es links über die Ampel, denn der Radweg verläuft geradeaus auf der linken Straßenseite weiter.

CHARAKTER
Sportlich ●●●○○
Abkühlung ●●○○○
Schlemmen ●●○○○
Panorama ●●●●○

Immer der Panke nach

Wir befinden uns auf dem idyllischen Pankeradweg und radeln entlang dieser Radroute nun über

◄ links / Die Sonne steht tief im Tegeler Fließ

einen schmalen Weg leicht bergab. Rechts von uns erstrecken sich die Karpfenteiche, links fließt die Panke behäbig. Am Pankebecken biegen wir nach links auf die Bahnhofstraße ab und folgen nun dem Berlin-Usedom-Radweg ein Stück. Um die großen Hauptstraßen zu umgehen, führt unser Weg über Nebenstraßen durch eine große Einfamilienhaussiedlung immer weiter gen Norden, bis wir schließlich nach links auf die Straße 180 biegen und die Schönerlinder Straße erreichen.

BELIEBTER AUSFLUSGSORT

Der Pankeradweg wird von Radfahrenden und Zufußgehenden gleichermaßen gern genutzt, weshalb man dort am besten im gemütlichen Tempo fahren sollte.

Zum höchsten Berg Berlins

Auch wenn diese Tour auf vielen Naturwegen verläuft, gönnen wir uns ab und an etwas Asphalt. Auf der ruhigen Straße nach Arkenberge haben wir dazu ausreichend Gelegenheit und nähern uns dabei der auffälligen, grasbewachsenen Erhebung in der sonst eher flachen Landschaft. Der Höhenzug 3 / Arkenberge ist in den 80er-Jahren durch Bauaufschüttung entstanden. Wir radeln auf einem festen Naturweg weiter und haben dabei freien Blick auf den am Fuße liegenden Baggersee, der im Sommer gern zum Baden genutzt wird.

Durchs größte Natura-2000-Gebiet Berlins

Von nun an geht es über festen Schotter und Sandwege durch die vielfältige Natur nahe der Berliner Stadtgrenze. Mit dem Kopfsteinpflaster an einer Bahnüberquerung erreichen wir die Niedermoorwiesen im Tegeler Fließtal und radeln zwischen Streuobstwiesen und artenreichen Feuchtgebieten auf den Berliner Mauerweg zu, dem wir nun über breite Betonplatten weiter folgen.

Nach rosaroter Pausengelegenheit ins Naturschutzgebiet

Langsam wird es Zeit für eine kleine Pause, oder? Dafür eignet sich das winzige 4 / Café Rosarot (saisonal Sa–So geöffnet, Birkenstr./

> rechts oben / Blick auf die Arkenberge > rechts Mitte / Groß und Klein ist auf dem Berliner Mauerweg unterwegs

KM 11

Der künstliche Arkenberg gilt heute mit 121,9 m ü. NN als höchste Erhebung Berlins. Die zweithöchste ist der Teufelsberg, den wir bereits auf einer Feierabendrunde ausgiebig erkundet haben. Öffentlich zugänglich sind die 3 / Arkenberge aktuell nicht, manchmal aber bei Veranstaltungen erkundbar.

ROSAROT

In dem schönen Terrassencafé 4 / Café Rosarot gibt es hausge-machte Kuchen und Eis in liebevoll dekorierter Umgebung. Unbedingt vorab Öffnungszeiten prüfen!

AUF STEGEN
DURCHS FLIESS
FLANIEREN

Ecke Akazienstraße, 16552 Mühlenbecker Land), das wir erreichen, nachdem wir am Köppchensee und an einer großen Pferdekoppel vorbei weiter nach Norden gefahren sind. Frisch gestärkt fahren wir zurück auf den Mauerweg und entlang der Stadtgrenze zwischen sandigen Dünen und unter Bäumen auf die einzigartige Bachauenlandschaft des 5 / Naturschutzgebiets Tegeler Fließ zu. Auf der Alten Schildower Straße und an anderen Stellen führen hölzerne Bohlenstege mitten durchs Fließ und lassen einen die Natur- und Tierwelt noch näher erfahren. Da auch viele Zufußgehende unterwegs sind, ist in der Regel das Radfahren auf den Stegen nicht gestattet. Doch beim Schieben lässt es sich sowieso besser beobachten und entdecken.

Auf der Suche nach den Büffeln
Es geht dann mit dem Rad weiter bis Hermsdorf, wo wir die stark befahrene Berliner Straße mit etwas Vorsicht kreuzen und dieser etwa 500 Meter auf dem Radweg folgen, bevor wir nach rechts wieder ins Fließ abbiegen können. Direkt vor uns erhebt sich eine

schöne Bogenbrücke, über die die Bahnlinie läuft. Wir fahren darunter hindurch am Wasser entlang. Ab jetzt lohnt es sich wieder, etwas aufmerksamer durch die Bäume und Büsche am Wegesrand zu schauen, und mit etwas Glück entdeckt man einen der dunklen 6 / Wasserbüffel (Mühlenfeldstraße, 13467 Berlin), die in den Sommermonaten auf verschiedenen Arealen des Tegeler Fließ zu finden sind und zur Landschaftspflege beitragen.

Ins älteste Dorf Berlins mit Landwirtschaft

Am Hermsdorfer Damm angekommen biegen wir kurz darauf nach links wieder ins romantische Fließtal ab, fahren über eine Brücke und über feste Naturwege weiter. Ein paar Kilometer bleiben uns noch am schönen Tegeler Fließ, bis wir zwischen Einfamilienhäusern und Feldern Alt-Lübars erreichen. Hier können wir einen Stopp in der 7 / Eisdiele Angelina (Alt-Lübars 36, 13469 Berlin, de-de. facebook.com/EisdieleAngelinaAltLubars) einlegen. Im sich direkt anschließenden 8 / Angerdorf Lübars erinnert nicht nur das zugegebenermaßen fiese Kopfsteinpflaster an vergangene Zeiten, auch die alten Höfe und Gebäude tragen zu diesem Bild bei. Da macht es gar nichts, dass man das Fahrrad lieber durch den historischen Dorfkern mit der barocken Kirche schieben möchte, statt sich den

MÄR-
CHEN-
LAND

Das urwüchsige 5 / Naturschutzgebiet Tegeler Fließ ist geprägt von flachen Wasserläufen und Seen, mit großen Wiesenflächen und märchenhaft anmutendem, sumpfigem Bruchwald. Kaum zu glauben, dass man so eine Kulisse direkt an der Stadtgrenze genießen kann!

◄ links / Bohlenstege im Tegeler Fließ ▲ oben / Herbst im Fließ

Hintern auf dem ruckeligen Pflaster wund zu fahren. Spätestens am Ortsausgang und nur wenige Meter nach dem 9 / Kräuterhof Lübars (Alt-Lübars 15, 13469 Berlin), wo regional angebautes Gemüse, Obst und frische Eier im Hofladen verkauft werden, können wir uns wieder in den Sattel wagen.

Über die Felder und durch Berlins größen Schulgarten

Nun biegen wir nach links auf den Schildower Weg ab und fahren auf einem festen Sandweg durch eine leicht hügelige Landschaft. Nach wenigen Metern erreichen wir den Mauerweg wieder, dem wir entspannt bergab nach Südosten folgen. Der Ausblick über die saftigen Wiesen und Felder reicht weit und wer genau hinschaut, entdeckt des Berliners liebstes Wahrzeichen, den Fernsehturm, am Horizont. Wir verabschieden uns vom Mauerweg, um nach links über festen Schotter entlang von Robustrinderweiden zu radeln, bis wir schließlich auf die B 96a der Blankenfelder Chaussee stoßen. Hier lohnt ein Besuch des sich auf der rechten Seite der Straße befindlichen 10 / Botanischen Volksparks Blankenfelde-Pankow (saisonale Öffnung, 1 €, Blankenfelder Chaussee 5, 13159 Berlin). Die Fahrräder dürfen mit rein in den Park, der als

EIN ERLEBNIS FÜR GROSS UND KLEIN

Der Besuch des 10 / Botanischen Volkspark lohnt sich. Neben Schaugewächshäusern und einer geologischen Wand gibt es auch ein Wildgehege.

KM 33

Wer Lust auf Eis hat, kann in Alt-Lübars kurz vor dem Angerdorf einen Abstecher nach Süden machen. In der 7 / Eisdiele Angelina gibt es leckere hausgemachte Eiskreationen in Hülle und Fülle.

Schulgarten Anfang des 20. Jh. angelegt wurde. Dann geht es auf dem Radweg der Dietzgenstraße bis zum Schlosspark Schönhausen.

Preußischer Prunk trifft DDR-Inszenierung

Dort können wir uns noch einmal eine kleine Pause gönnen. Gut eignet sich dafür das kleine Outdoorcafé Sommerlust, von dem man einen traumhaften Blick auf das barocke 11 / Schloss Schönhausen hat (saisonal, Tschaikowskistraße 1, 13156 Berlin, 6/5 €, spsg.de). Die historische Nutzung reicht von der Zeit der preußischen Monarchen als Wohnsitz über die NS-Zeit als Lager für „Entartete Kunst" bis zum Sitz der DDR-Regierung. Von hier ist es nicht mehr weit zum 1 / S-Bahnhof Pankow.

TOURENINFO / Abwechslungsreicher Untergrund mit vielen Naturwegen, gut fahrbarem Schotter und festem Sand, ein paar Kopfsteinpflasterabschnitte, im Stadtgebiet über Asphalt, breitere Reifen mit etwas Profil empfehlenswert, mit Trekkingrad gut fahrbar, größtenteils flach.

◀ links / Blick von Lübars zum Stadtzentrum ▲ oben / Entlang von Robustrinderweiden

NSG
Kindelsee-Springluch

FROHNAU

GLIENICKE/NORDBAHN

K 6501

B 96

Tegeler
Forst
(nördlicher
Teil)

5

Niedermoorwie
am
Tegeler
Fließ

4

HERMSDORF

Tegeler
Fließ

8 **9**

7

LÜBARS

Lübarser
Felder

6

WAIDMANNSLUST

B 96

Steinbergpark

MÄRKISCHES VIERTEL

WITTENAU

Nordgraben

Nordgraben

WILHELMSRUH

TEGEL

A 111

BORSIGWALDE

B 96

REINICKENDORF

Seidelkanal

A 111

Volkspark
Rehberge

WEDDING

Schillerpark

B 96

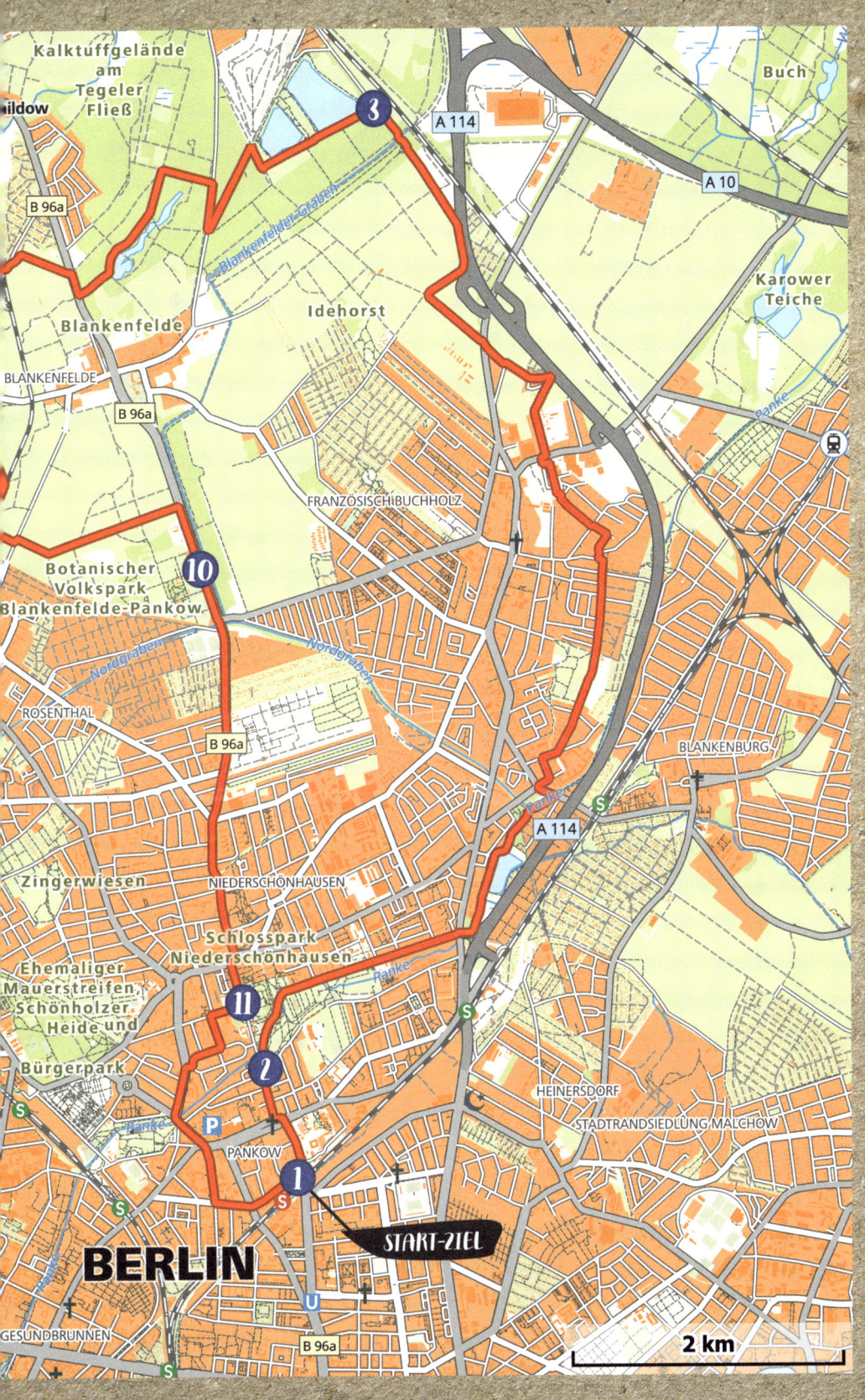

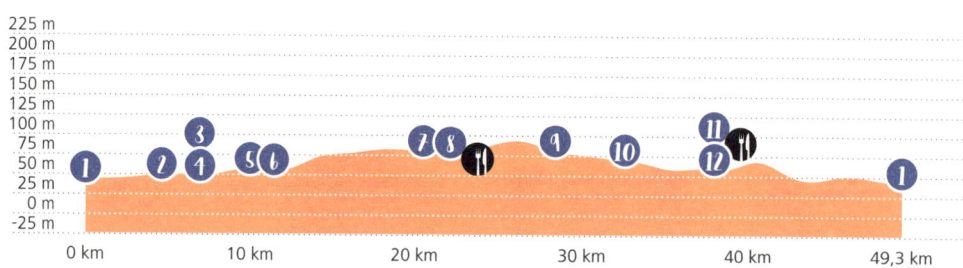

NATUR PUR

Ich fahre diese Tour zu jeder Jahreszeit gern, da sie größtenteils abseits des Verkehrs durch Naturschutzgebiete und über traumhafte Waldwege führt.

❯ 1 / Wir starten und enden im Berliner Bezirk Pankow am S-Bahnhof Blankenburg

❯ 2 / Zum Vögel beobachten in das NSG Karower Teiche

❯ 3 / Schützenswerte Natur im NSG Bogenseekette und Lietzengrabenniederung

❯ 4 / Radeln inmitten von Weiden der Robustrinder an den Karpfenteichen

❯ 5 / Auf Schotterwegen durch die Hobrechtsfelder Rieselfelder

❯ 6 / Wir begutachten die Freiluftausstellung Steine ohne Grenzen

❯ 7 / In der Waldsiedlung Wandlitz wohnte einst die DDR-Führungsriege

❯ 8 / Baden in einem der saubersten Seen im Waldschwimmbad Liepnitzsee

❯ 9 / Das Bauhaus Denkmal Bernau ist für Architekturinteressierte reizvoll

❯ 10 / Durch die Schönower Heide zwischen Dünen und Wildgehege

❯ 11 / Auf einen Drink und Kuchen in James Biergarten

❯ 12 / Naturerlebnis für die ganze Familie am Hobrechtsfelder Kornspeicher

NSG-HOPPING IM NORDEN

Durch **Wald** *und* **Heide**
über die **Berliner Stadtgrenze**

Von Naturschutzgebiet zu Naturschutzgebiet führt uns diese Tour durch den Naturpark bis hin zu den glasklaren Wassern des Liepnitzsees. Wir fahren durch Teichgebiete und beobachten Vögel, radeln über Weiden vorbei an Robustrindern und wechseln von schattigen Wäldern zu wüstenartigen Heideflächen – Brandenburger Landschaftsvielfalt in einer Tour kombiniert.

49 Kilometer
65 Höhenmeter
4 Stunden
Rundtour

Entlang der Panke

Die Tour beginnt und endet im Berliner Norden am 1 / S-Bahnhof Blankenburg. Wir folgen kurz der Hauptstraße und biegen dann nach rechts auf den Naturboden des Pankeradwegs ab, wo wir mitunter auf ein paar Wurzeln achten müssen. Rechts verläuft die Panke, links folgt kurz darauf eine Kleingartenanlage, in die wir nach etwa

CHARAKTER
Sportlich ●●○○○
Abkühlung ●●●○○
Schlemmen ●●○○○
Panorama ●●●○○

2 Kilometern abbiegen. Über die neu gebaute Fuß- und Radbrücke überqueren wir die A 114 und fahren auf der anderen Seite nach links und ein kurzes Stück durch ein Einfamilienhausgebiet. Kurz darauf befinden wir uns wieder am schönen Pankeradweg. Wir erinnern uns, dessen urbanen, südlichen Teil haben wir auf der ersten Feierabendrunde erkundet.

◄ links / Naturschutzgebiet Lietzengrabenniederung

Alternative Wege

Über einen festen Schotterweg gelangt man bis zum beliebten Ausflugsgebiet 2 / Naturschutzgebiet (NSG) Karower Teiche, welches aus ehemaligen Torfstichen und Fischteichen entstanden ist. Wir biegen nach links ab und radeln mitten hindurch. Es geht weiter nach rechts auf einen Feldweg und parallel zur Bucher Straße, die wir am Parkplatz Karower Teiche überqueren. Am besten steigt man hier vom Rad und schiebt hinüber, denn die Abfahrt auf der anderen Seite neben einer Schranke ist etwas holprig. Jetzt wird es abenteuerlicher! Wir trauen uns und nehmen den verkehrsfreien Weg über festen Schotter und durch einen gepflasterten Tunnel unter der Autobahn hindurch. An den breiten Rinnen vor und nach der Unterführung ist etwas Vorsicht angebracht, aber ansonsten lässt sich der Abschnitt ohne großes technisches Geschick bewältigen.

UNTER DER A 10
Die etwas versteckte Unterführung entlang des Lietzengrabens unter der Autobahn hindurch erspart uns die Fahrt auf der geschäftigen Bucher Straße.

Inmitten von Rindern und durch den Bucher Forst

Wir befinden uns nun im 131 Hektar großen 3 / NSG Bogenseekette und Lietzengrabenniederung mit seinen Nass- und Feuchtwiesen. Wasservögel und Amphibien finden hier wertvollen Lebensraum. Beobachten kann man nicht nur die Vogelwelt, sondern auch inmitten des Weidegebiets von 4 / Robustrindern an den Karpfenteichen entlangradeln. Mehr als einmal halten wir an einem schweren Metallgatter an und schieben die Räder durch ein Tor. Mit etwas Glück entdeckt man zwischen den Bäumen und dem hohem Weidegras die großen, felligen Genossen, die sich meist recht wenig für uns Menschen interessieren. Auf der anderen Seite der Schönerlinder Chaussee geht die Tour weiter entlang des Seegrabens und unter Bäumen hindurch durch den Bucher Forst. Wir befinden uns nahe der Stadtgrenze, der nördliche Teil des Forsts gehört bereits zu Brandenburg. Die Landschaft verändert sich langsam und

➤ rechts oben / Karower Teiche ➤ rechts Mitte / Am Wegesrand im Naturschutzgebiet

KM 5

Das 2 / NSG Karower Teiche ist ein wichtiges Rast- und Brutgebiet für zahlreiche Vogelarten. Wer ein Fernglas dabei hat und etwas Geduld mitbringt, kann diese auf einer der Aussichtsplattformen beobachten – am besten am Abend oder in den frühen Morgenstunden, wenn im Ausflugsgebiet weniger Besuchende sind.

WEIDEPFLEGE

Robustrinder und Wildpferde werden im Naturpark Barnim z. B. am 3 / NSG Bogenseekette zur natürlichen Weidepflege eingesetzt und bleiben ganzjährig draußen.

der Wald weicht größeren, offenen Flächen: Die 5 / Hobrechtsfelder Rieselfelder erstrecken sich vor uns. Auch hier weiden ganzjährig verschiedene, robuste Rinderrassen und Konikpferde.

Steine ohne Grenzen

Vom Rad aus entdecken wir die Skulpturen der Freiluftausstellung 6 / Steine ohne Grenzen (bildhauersymposion.jimdofree.com), die während verschiedener Bildhauersymposien seit 2001 entstanden sind. Nun wird es Zeit für eine längere Radelpassage. Wir kreuzen den Alten Bernauer Heerweg und verlassen die Rieselfelder im Norden am Knotenpunkt 9. Der hier liegende Gorinsee mit Badestelle ist übrigens ein erfrischender Pausenort mit Biergarten am Strand.

Kilometerlang durch den Wald

Und dann rollen wir entspannt unter den schattigen Bäumen des Basdorfer Walds auf festen Wald- und Schotterwegen durch den Naturpark Barnim. An einer der größeren Waldkreuzungen steht eine große Schutzhütte mit Bänken und Waldinfotafeln und lädt

zum entspannten Pausieren mitten im Wald ein. Nach ca. 5,5 Kilometern Waldweg biegen wir auf einen asphaltierten Weg und fahren gen Nordosten weiter bis zum Knotenpunkt 29 an der Wandlitzer Chaussee. Wer möchte kann hier einen ca. 2 Kilometer langen Abstecher nach Süden machen und sich die Wohnhäuser der ehemaligen DDR-Funktionäre in der gut erhaltenen 7 / Waldsiedlung Wandlitz (Brandenburgallee, 16321 Bernau) von 1958 anschauen.

Schwimmen in einem der saubersten Seen Brandenburgs
Es geht weiter zu einem der schönsten Badeseen im Berliner Umland mit zahlreichen Naturbadestellen. Wir radeln vom Knotenpunkt 28 aus direkt bis zum 8 / Waldschwimmbad Liepnitzsee (Mai–Sept. 10–19 Uhr, 2–4 €, Wandlitzer Chaussee 150, 16321 Bernau, freibad-bernau.de/waldbad-liepnitzsee), wo wir uns erstmal eine Abkühlung im wunderbar klaren Wasser und ein Eis am Imbiss gönnen.

Auf der Rund-um-Berlin-Route gen Süden
Nach den zahlreichen Schotter- und Waldwegen der Hintour ist der Rückweg deutlich asphaltlastiger. Wir radeln auf dem Radweg gen Süden bis zum Kreisverkehr der Wandlitzer Chaussee. Hier bietet sich ein Abstecher nach links an. Architekturinteressierte

120

So viele Skulpturen der 6 / Steine ohne Grenzen-Reihe befinden sich auf der Skulpturenstraße auf den 5 / Hobrechtsfelder Rieselfeldern. Sie sollen an menschliche Solidarität, länderübergreifende Zusammenarbeit und die Befreiung erinnern.

◄ links / Durch den Basdorfer Wald ▲ oben / Liepnitzsee

werden nun große Augen bekommen, denn wir befinden uns am UNESCO-Welterbe 9 / Bauhaus Denkmal Bernau (Bundesschule AD Gewerkschaftsbund, Hannes-Meyer-Campus 1, 16321 Bernau), ein denkmalgeschützter, nach den Prinzipien des Bauhauses errichteter Komplex aus den späten Zwanziger Jahren.

ABSTECHER IN DIE SED-SIEDLUNG

Infotafeln vor den Häusern der 7 / Waldsiedlung Wandlitz informieren über die einst gut bewachte und abgesicherte Siedlung der DDR-Führung.

Heidepracht

Voller frischer Eindrücke geht es wieder in den Wald und wir radeln entlang des glatten, asphaltierten Radwegs bis zum Knotenpunkt 4. Durch ein hölzernes Eingangstor betreten wir dann das wilde 10 / NSG Schönower Heide (Prenzlauer Straße 15, 16348 Wandlitz) und machen einen kleinen Bogen zu einer Aussichtsplattform. Dort hat man einen weiten Blick auf das Wildgehege, das Teil des naturnahen Wildtierbeweidungsprojektes ist. Über einen Schotterweg verlassen wir die Heide wieder und biegen am Knotenpunkt 7 auf die Hobrechtsfelder Dofstraße ab.

Letzte Stärkung

Nach knapp 1 km gibt es eine schöne Pausengelegenheit in 11 / James Biergarten (Fr–Sa ab 13 Uhr, So ab 12 Uhr, Hobrechtsfelder Dorfstraße 30a, 16341 Panketal, james-biergarten.de). Nur ein paar

KM 34

Das Naturschutzgebiet 10 / Schönower Heide ist von zwei Rundwegen mit zahlreichen Infotafeln und großen Sandflächen umgeben und es lohnt sich, etwas mehr Zeit einzuplanen. Besonders im Spätsommer erleben wir ein großartiges Farbenspiel, wenn die Heide blüht.

Meter weiter ragt der ehemalige 12 / Hobrechtsfelder Kornspeicher (April–Okt. Sa–So 10–16 Uhr, Hobrechtsfelder Dorfstraße 45, 16341 Panketal, agrar-hobrechtsfelde.de) auf. Früher wichtiger Teil der stadtnahen landwirtschaftlichen Produktion, ist der Speicher heute ein sehenswertes Industriedenkmal mit Besucherzentrum. Auf einem schattigen Radweg radeln wir weiter durch den Wald und nach etwa 3 km links auf die Wittbergstraße. Wir fahren am S-Bahnhof Buch rechts auf den Berlin-Usedom Radweg, der uns am Feuchtbiotop der Moorlinse vorbei bis zu den Karower Teichen bringt, wo sich der Weg mit der Strecke der Hinfahrt überschneidet. An der Königsteinbrücke fahren wir dann jedoch geradeaus weiter und folgen der Radroute bis zum 1 / Bahnhof Blankenburg zurück.

TOURENINFO / Abwechslungsreiche Wegmischung aus Wald- und Schotterwegen sowie asphaltierten Radwegen, leichtes Reifenprofil von Vorteil. Für Familien mit Anhänger größtenteils geeignet (Autobahnunterführung über die der Bucher Str. umgehen). Badesachen im Sommer einpacken!

◄ links / Infotafel vor Wanderdüne in Schönower Heide ▲ oben / Stopp in der Schönower Heide

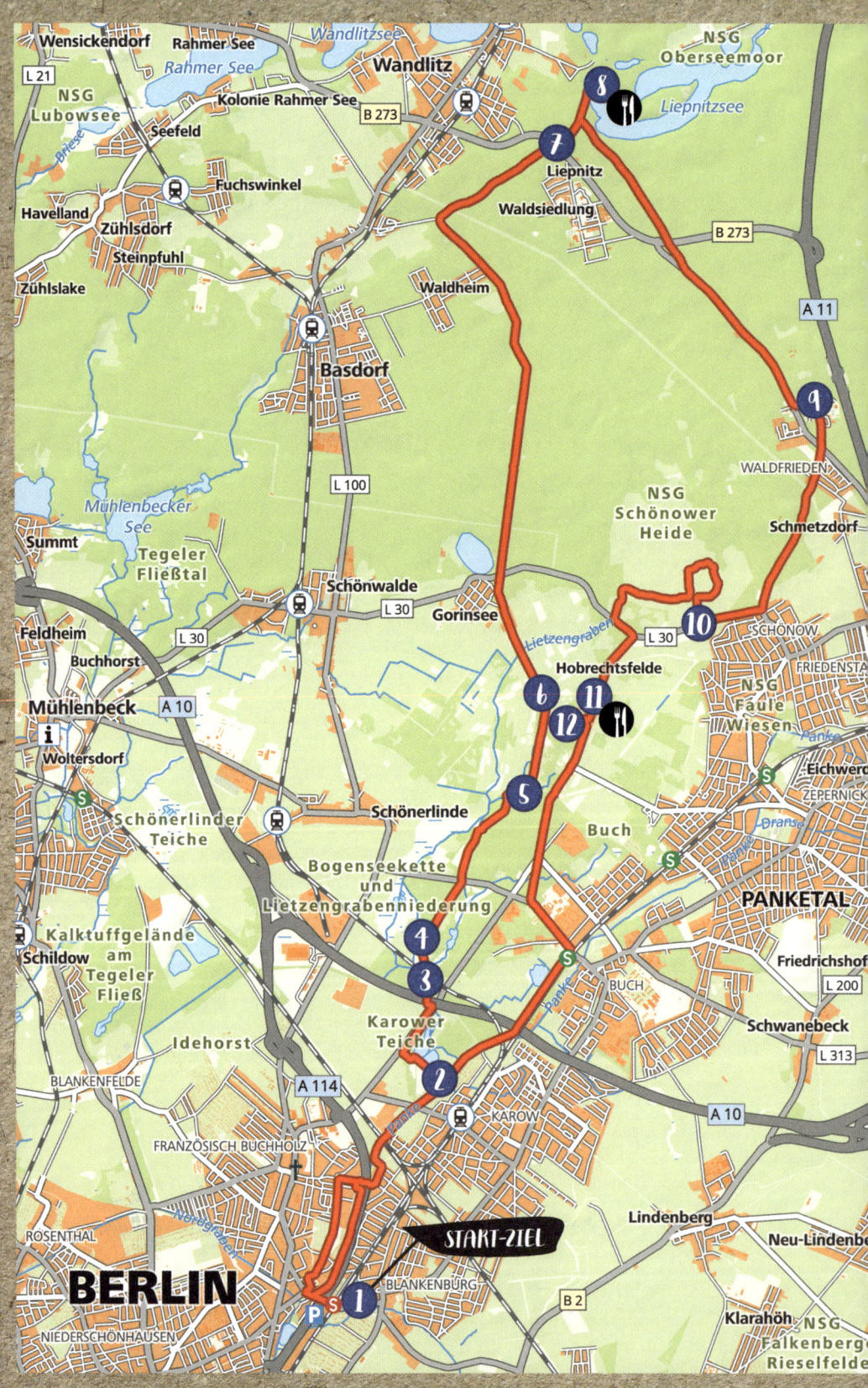

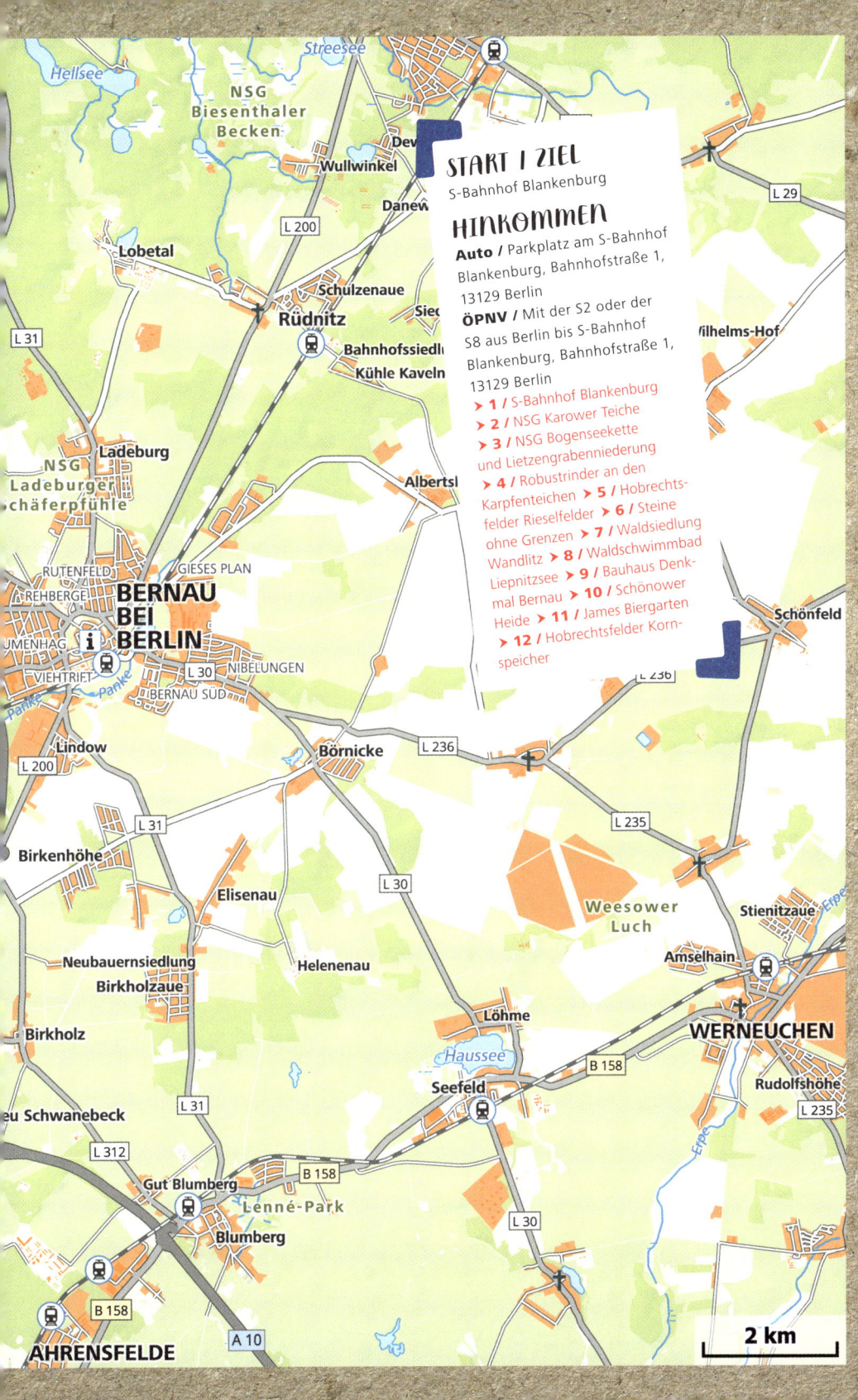

START / ZIEL

S-Bahnhof Blankenburg

HINKOMMEN

Auto / Parkplatz am S-Bahnhof Blankenburg, Bahnhofstraße 1, 13129 Berlin

ÖPNV / Mit der S2 oder der S8 aus Berlin bis S-Bahnhof Blankenburg, Bahnhofstraße 1, 13129 Berlin

> **1** / S-Bahnhof Blankenburg
> **2** / NSG Karower Teiche
> **3** / NSG Bogenseekette und Lietzengrabenniederung
> **4** / Robustrinder an den Karpfenteichen **5** / Hobrechtsfelder Rieselfelder **6** / Steine ohne Grenzen **7** / Waldsiedlung Wandlitz **8** / Waldschwimmbad Liepnitzsee **9** / Bauhaus Denkmal Bernau **10** / Schönower Heide **11** / James Biergarten **12** / Hobrechtsfelder Kornspeicher

2 km

NATUR-ERLEBNIS DELUXE

Wenn ich unweit der Stadt durch malerische Landschaft offroad fahren will, ist diese Strecke die richtige Wahl – inklusive feinstem Asphalt zum Ausgleich.

❯ **1 /** Wir starten und enden im Berliner Südosten am Bahnhof Erkner

❯ **2 /** Stopp für Literaturfans: das Gerhart-Hauptmann-Museum in Erkner

❯ **3 /** Malerische Natur erleben im NSG Löcknitztal

❯ **4 /** Ob zu Fuß oder auf dem Rad, der Löcknitztalweg ist ein tolles Naturerlebnis

❯ **5 /** Am Biwakplatz Mönchwinkel lässt es sich legal unterm Sternenhimmel nächtigen

❯ **6 /** Entlang des gut ausgebauten SPR – Spreeradwegs

❯ **7 /** Kuchen wie bei Oma in Holly's Galerie Café

MALERISCHES LÖCKNITZTAL

Naturerlebnis zwischen *Biotop* und *Spreeauen*

Auf dieser Tour erwartet uns Natur pur. Es geht in den Südosten von Berlin, ins malerische Löcknitztal, wo besonders Offroad-Freunde auf ihre Kosten kommen können – gepaart mit feinstem Asphalt und einem Kuchenstopp wie bei Oma bringt uns diese Tagestour Entspannung abseits der Großstadt.

37 Kilometer
15 Höhenmeter
3 Stunden
Rundtour

Stopp für Literaturliebhaber

Wir beginnen die Fahrt ins Grüne am 1 / Bahnhof Erkner, einer Kleinstadt am südöstlichen Stadtrand von Berlin. Sie ist das Tor in eine wunderschöne Region, in der es sich wunderbar durch große Wälder und entlang der idyllischen Löcknitz sowie der wilden Spree radfahren lässt. Dafür radeln wir nun ein Stück auf dem Radweg durch die Stadt nach Süden und biegen am

CHARAKTER
Sportlich ●●●○○
Abkühlung ●●○○○
Schlemmen ●●●○○
Panorama ●●●●○

Kreisverkehr der Friedrichstraße nach links auf die Gerhart-Hauptmann-Straße ab. Dass diese Straße den Namen des bedeutenden Schriftstellers und naturalistischen Dramatikers trägt, kommt nicht von ungefähr. Hauptmann lebte nicht nur in Erkner, hier ist auch das 2 / Gerhart-Hauptmann-Museum (Di–So 11–17 Uhr, 2/1,50 €, Gerhart-Haupt-

◄ links / Im Herbst durchs Löcknitztal

mann-Straße 1–2, 15537 Erkner, hauptmannmuseum.de) in einer herrschaftlichen Villa zu finden, welches das Leben und Werk des Nobelpreisträgers dokumentiert.

Paradies für Offroad- und Naturfans

Wir folgen der Gerhart-Hauptmann-Straße weiter und lassen kurz darauf die Stadt hinter uns, indem wir nach links auf den Oberförstereiweg fahren. Feinster Schotterweg durch den Wald, der sich sehr gut mit dem Tourenrad fahren lässt, liegt nun für einige Kilometer bis zur L 23 vor uns. Ab dort geht es nach wenigen Metern auf der Landstraße am Rastplatz und Kriegsdenkmal Grünheide vorbei nach rechts in die glaziale Schmelzwasserrinne des 3 / Naturschutzgebiets (NSG) Löcknitztal, einem vielfältigen, wunderschönen Biotop, das zahlreichen seltenen Tier- und Pflanzenarten eine Heimat bietet. Der 4 / Löcknitztalweg, dem wir nun für knapp zwei Kilometer folgen können, ist eigentlich ein gekennzeichneter Wanderweg entlang der wilden Löcknitz, einem Nebenfluss der Spree. Mit etwas Geschick und Vorsicht lässt sich dieser jedoch gut mit dem Fahrrad erkunden. Breitere Reifen mit Profil sind auf jeden Fall von Vorteil, um den teilweise schmalen Waldweg, der ab und zu von Wurzeln durchzogen ist, zu bewältigen. Doch das lohnt sich, denn die Aussichten auf Wasser und Feuchtwiesen sind malerisch schön und mit etwas Glück lassen sich hier seltene Tierarten, wie Fischotter und Eisvogel, beobachten.

WANDERPARADIES

Das 3 / NSG Löcknitztal ist sehr beliebt bei Wanderern und Naturfreunden allgemein, daher gilt: gerade auf schmalen Wegen besonders rücksichtsvoll fahren!

Die Schotter-Alternative

Wer lieber weiter über bequemere Forstwege fahren möchte, kann an der L 23 am Kriegsdenkmal Grünheide, statt auf den Löcknitz-

---

➤ rechts oben / Der Löcknitztalweg heißt nicht umsonst so: Es geht entlang der Löcknitz mit schönen Rastmöglichkeiten ➤ rechts Mitte / Augen auf, was am Wegesrand alles zu sehen ist!

KM 4

Kurz nach der Brücke über die
A 10 gibt es nördlich des Ober-
förstereiweges bereits die Option
dem 3 / Löcknitztalweg zu folgen.
Zwischen A 10 und L 23 gestalten
märchenhafter Bruchwald und
Wiesen die Gegend. Eine Schafherde
sogt für Landschaftspflege – Teile
des schmalen Weges führen mitten
über ihre Weidefläche.

talweg abzubiegen, dem breiteren Weg folgen und nach ca. 500 Metern an der Waldkreuzung nach rechts radeln. Der Weg stößt kurz darauf wieder auf die Route. Wir erreichen schließlich Klein-Wall und die dort gelegene Forellenanlage.

ENTLANG DER UNBERÜHRT MÄANDERN-DEN SPREE

An der alten Spree

Von da an geht es durch den Wald auf gut fahrbaren Schotter- und Forstwegen gen Süden, bis wir im Ort Mönchwinkel ankommen und an die alte Spree gelangen. Diese zeigt sich hier so wild und unberührt, wie die meisten Berlinbesuchenden den berühmten Hauptstadtfluss sicherlich noch nie gesehen haben. In sich schlängelnden Mäandern prägt die Spree das Landschaftsbild und die Ufer sind mit breiten Schilfgürteln versehen, in denen sich viele Wasservögel und Insekten heimisch fühlen. Felder und Wälder erstrecken sich ringsum. Wir radeln entspannt auf Nebenstraßen mitten durch die idyllische Kulisse bis zur hölzernen Spreebrücke Mönchwinkel, an der auch der 5 / Biwakplatz Mönchwinkel (Spreebrücke, 15528 Grünheide) liegt. Diese Wasserwanderplätze sind

sowohl für Bootsreisende als auch – wenn zugänglich – für Wandernde und Radfahrende eine willkommene legale Möglichkeit, an vielen beliebten Brandenburger Wasserstraßen eine meist kostenfreie Nacht direkt unterm Sternenhimmel zu verbringen.

Auf dem Spreeradweg

Wir überqueren die Spreebrücke und fahren nach rechts auf eine ruhige asphaltierte Forststraße. Mittlerweile sind wir auf dem 6 / SPR – Spreeradweg (spreeradweg.de) unterwegs, der sich in mehreren Abschnitten abwechslungsreich durch die vielfältige Brandenburger Landschaft zieht. Wir folgen der größtenteils asphaltierten Route nun bis zum Ende der Tour. Nach knapp 4 Kilometern durch den Wald biegen wir nach rechts ab und nähern uns der Spree wieder. Eine herrliche verkehrsfreie Fahrradstraße liegt vor uns und, ähnlich wie sich die Spree hier durch die Landschaft schlängelt, radeln wir in sanften Bögen durch die Natur.

Tellerweise Kuchen wie bei Oma

In Neu-Hartmannsdorf gelangen wir wieder an die L 23 und folgen dieser ein kurzes Stück gen Norden, bevor wir, weiter auf dem Spreeradweg fahrend, nach Hartmannsdorf abbiegen. Dort errei-

BIWA-KIEREN

Ähnlich dem 5 / Biwakplatz Mönchwinkel gibt es in Brandenburg einige Plätze mit legaler Wildcamping-Option. Wenn auch einfach gehalten, verfügen sie oft über Bänke oder Feuerstellen. Auf reiseland-brandenburg.de findet man über die Suche noch einige weitere.

◄ links / Durch das Löcknitztal fahren wir viel am Wasser entlang
▲ oben / Durch die Spreeauen

chen wir nun ein Stopp, der allein schon eine Tour in die Region Grünheide wert ist. Am Ortseingang nach Hartmannsdorf befindet sich auf unserer linken Seite 7 / Holly's Galerie Café (Di–So 10–17 Uhr, Schulstraße 2, 15528 Spreenhagen, OT Hartmannsdorf) oder einfach „Holly's Kuchenparadies". Denn nichts weniger wartet dort auf primär zuckerhungrige Radfahrende, die am Wochenende in Scharen anradeln. Das Café ist wahrlich einzigartig: Es gibt Kaffee direkt aus der Isolierkanne und Teller voller Blechkuchen draußen im Garten der sehr herzlichen Betreiberin – definitiv ein Pflichtstopp!

Auf Nebenstraßen zurück

SPREEBRÜCKE JÄGERBUDE
An der letzten Brücke über die Spree liegt ein schöner Campingplatz malerisch am Wasser. Hier gibt es auch eine Pension und einen Imbiss.

Nach dieser kräftigen Stärkung nähern wir uns langsam wieder dem Ausgangspunkt unserer Tour. In Hartmannsdorf biegen wir nach rechts auf die Lindenallee ab und folgen dem Spreeradweg weiter, der sich nun mit der Oder-Spree-Tour überschneidet. Dabei radeln wir auf einer schmalen, asphaltierten Nebenstraße zwischen Feldern und durch den angenehm schattigen Wald hindurch. Nachdem wir kurz nach Steinfurt erneut die A 10 überquert haben, verlassen wir die Steinfurter Straße nach rechts auf einen

KM 24

In 7 / Holly's Galerie Café backt Doris Hollnagel nahezu täglich blecheweise Kuchen, den man sich direkt in der Küche der Gartenlaube auswählt und abholt. Abgerechnet wird tellerweise, nicht pro Stück. Ein sehr schmackhaftes Highlight der Tour, das man sich nicht entgehen lassen sollte.

parallel zur Autobahn verlaufenden Radweg, der uns schließlich noch einmal bis an die Spree bringt. Diese überqueren wir an der Spreebrücke Jägerbude. Der folgende Radweg verläuft zweigeteilt durch den Wald – auf einer Seite feinster Asphalt, auf der anderen sandig-schottriger Waldboden – für jeden Geschmack etwas. Kurz vor Hohenbinde biegen wir nach links und dann nochmal nach rechts ab und fahren auf dem straßenbegleitenden Radweg zurück bis nach Erkner, wo sich die letzten Kilometer mit der Strecke des Hinwegs überschneiden. Ein naturreicher Tag neigt sich dem Ende zu und wir steigen nach knapp 38 Kilometern am 1 / Bahnhof in Erkner vom Fahrrad.

TOURENINFO / Gemischter Untergrund mit Schotter- und Naturwegen mit Wurzeln, die aber umfahren werden können. Viel Asphalt auf der zweiten Hälfte. Für Familien mit Anhänger bedingt geeignet (Alternativrouten beachten!). Im Sommer unbedingt an Mückenschutz denken!

◀ links / Holly's Kuchenparadies ▲ oben / Naturerlebnis – das wasserreiche NSG Löcknitztal ist Lebensraum für viele Wasservögel

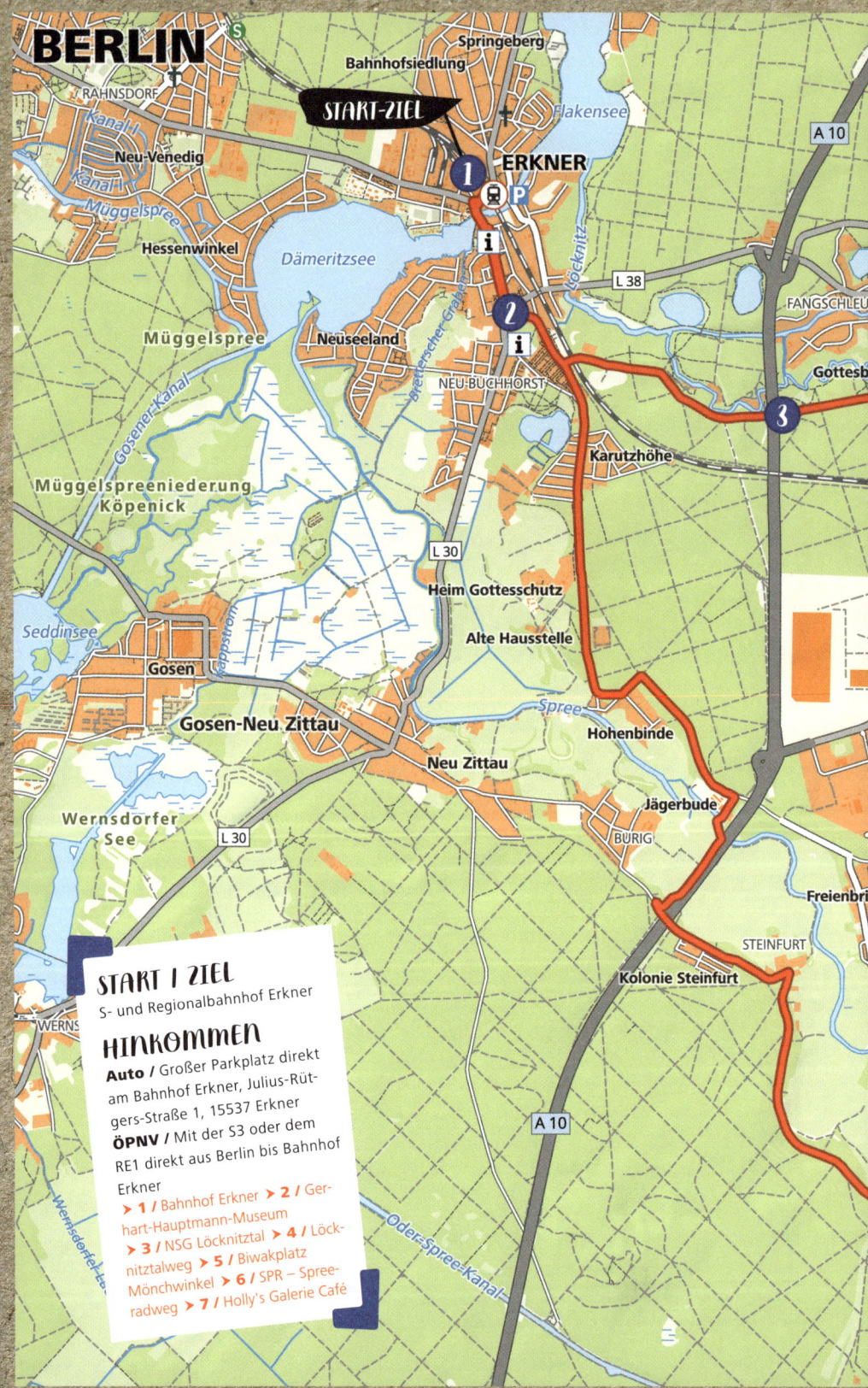

BERLIN

RAHNSDORF

Springeberg

Bahnhofsiedlung

Flakensee

A 10

START-ZIEL

Neu-Venedig

Kanal I

Kanal II

Müggelspree

1 ERKNER

P

FANGSCHLEU

Hessenwinkel

L 38

Dämeritzsee

Löcknitz

Müggelspree

Neuseeland

Breitenscher Graben

2

Gottesbr

NEU-BUCHHORST

Müggelspreeniederung
Köpenick

Karutzhöhe

3

L 30

Heim Gottesschutz

Seddinsee

Happstrom

Alte Hausstelle

Gosen

Spree

Gosen-Neu Zittau

Hohenbinde

Neu Zittau

Jägerbude

Wernsdorfer
See

L 30

BURIG

Freienbrir

STEINFURT

Kolonie Steinfurt

A 10

WERNS

Wernsdorfer Feldweg

Oder-Spree-Kanal

START / ZIEL
S- und Regionalbahnhof Erkner

HINKOMMEN
Auto / Großer Parkplatz direkt
am Bahnhof Erkner, Julius-Rüt-
gers-Straße 1, 15537 Erkner
ÖPNV / Mit der S3 oder dem
RE1 direkt aus Berlin bis Bahnhof
Erkner
➤ **1 /** Bahnhof Erkner ➤ **2 /** Gerhart-Hauptmann-Museum
➤ **3 /** NSG Löcknitztal ➤ **4 /** Löcknitztalweg ➤ **5 /** Biwakplatz
Mönchwinkel ➤ **6 /** SPR – Spreeradweg ➤ **7 /** Holly's Galerie Café

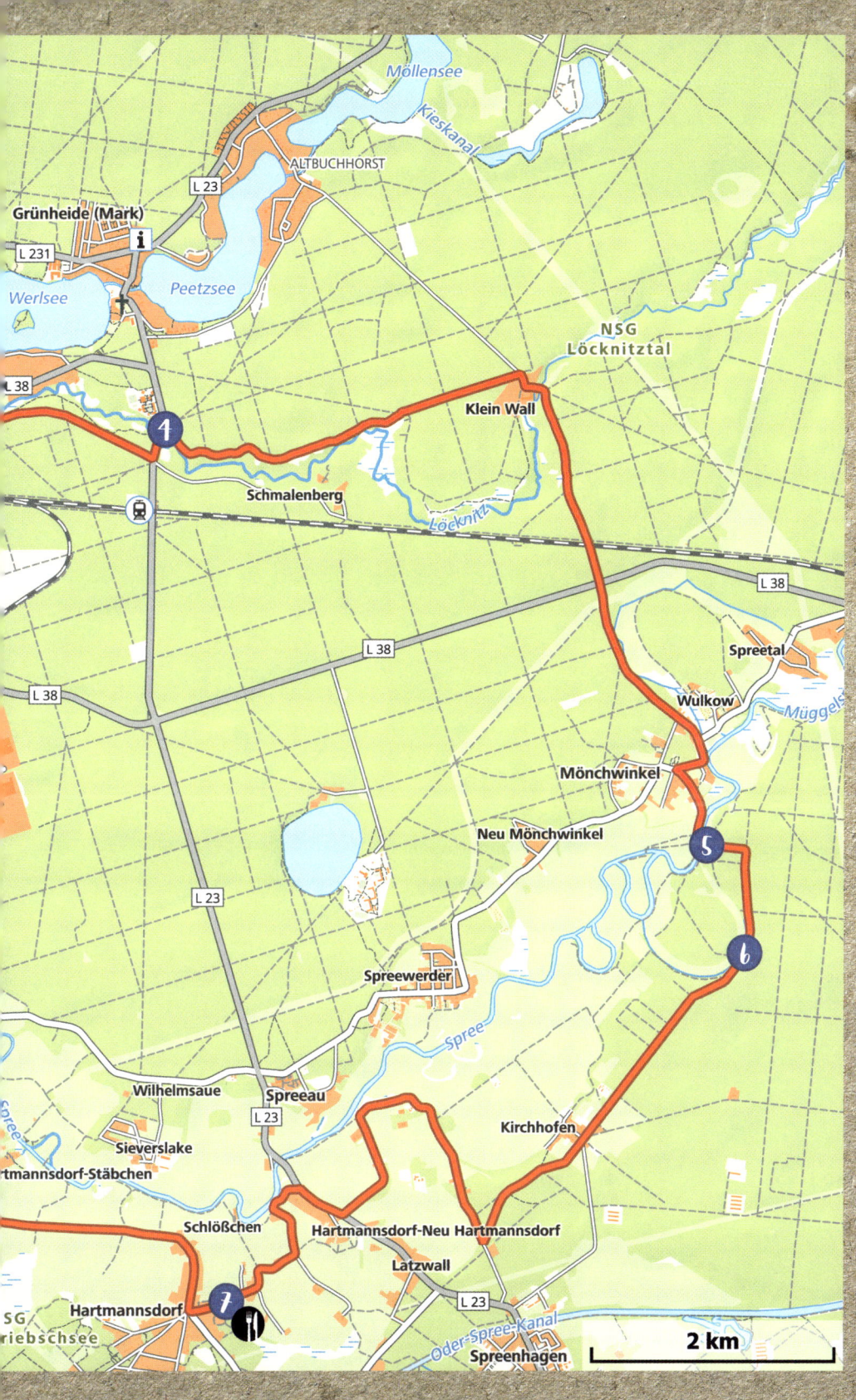

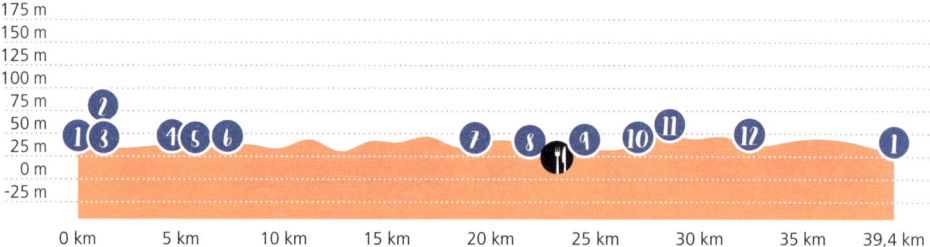

DIE IDEALE SOMMERTOUR

Diese Runde liebe ich im Sommer – schattige Waldwege, saubere Seen und Flüsse, wenig Verkehr – toll, um zu entspannen und sich abzukühlen.

> **1 /** Wir starten und beenden die Runde am S-Bahnhof Spindlersfeld in Köpenick

> **2 /** Der erste Stopp am Schloss Köpenick entführt in eine Hohenzollern-residenz

> **3 /** Über Kopfsteinpflas-ter durch Berlins ältesten Bezirk und durchs Kietz

> **4 /** Mit der BVG Fähre F12 über die Dahme

> **5 /** Vorbei am Aus-tragungsort Olympischer Sommerspiele an den Regatta-Tribünen

> **6 /** Das Strandbad Grünau lädt zum längeren Verweilen ein

> **7 /** Auf dem Fernrad-weg durch das waldige NSG Müggelspreenie-derung

> **8 /** Auf eine Pause im Café Klein-Schwalbenberg am Alten Spreearm

> **9 /** Neu-Venedig in Berlin entdecken

> **10 /** Mit der kleinsten und einzigen Ruderfäh-re F24 Berlins über die Müggelspree

> **11 /** Auf eine letzte Ab-kühlung an die Badestelle Kleiner Müggelsee

> **12 /** Entlang Berlins größten Sees, dem Gro-ßen Müggelsee

INS BERLINER VENEDIG

*Erfrischung im
Berliner Südosten*

Diese erfrischende Sommerrunde bietet an heißen Tagen ausreichend Gelegenheiten zur Abkühlung – ob in einem der zahlreichen Strandbäder oder auf schattigen Radwegen durch den Wald. Rund wirds mit einem Ausflug nach Berlins Venedig und einer Fahrt mit der kleinsten Fähre der Stadt – eine Radtour für die ganze Familie.

39 Kilometer
20 Höhenmeter
3:30 Stunden
Rundtour

Zu Besuch bei den Hohenzollern

Unsere sommerliche Ausfahrt beginnt und endet am 1 / S-Bahnhof Spindlersfeld. Von dort gelangen wir über den straßenbegleitenden Radweg der Oberspreestraße schnell zur Langen Brücke über die Dahme. Schon befinden wir uns direkt an der hübschen Altstadt von Köpenick, die sich links von uns erstreckt. Rechts liegt die romantische Schlossinsel inklusive Park, auf der das

CHARAKTER
Sportlich ●●○○○
Abkühlung ●●●●●
Schlemmen ●●○○○
Panorama ●●●○○

barocke 2 / Hohenzollernschloss Köpenick (Di–So 11–17 Uhr, Schlossinsel 1, 12557 Berlin) thront. Ein Abstecher über die Schlossbrücke und den Vorplatz des nahezu original erhaltenen Prachtbaus aus dem 17. Jh. lohnt sich – selbst wenn man die Ausstellung des Kunstgewerbemuseums und die prachtvollen Innenräume nicht anschauen möchte.

◄ links / Neu-Venedig

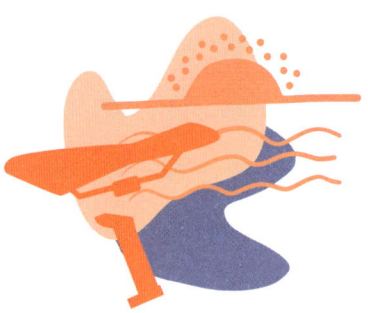

Berlins ältester Bezirk

Vorbei am Ausflugslokal Mutter Lustig fahren wir nun nach rechts in den 3 / Kietz, eine Straße im denkmalgeschützten alten Ortskern des Fischerkietz mit den ältesten Häusern Köpenicks und direkt an der Dahme gelegen. Hier ruckeln wir gemächlich über ein paar Meter Kopfsteinpflaster und können dabei die aufwändig restaurierten Häuser aus der Gründerzeit bewundern. Über die Gartenstraße folgen wir ab jetzt dem schönen Dahme-Radweg entlang des gleichnamigen Gewässers bis nach Wernsdorf. Auf dieser Route lässt es sich entspannt und größtenteils über verkehrsarme, asphaltierte Wege radeln, immer in der Nähe des Wassers und auch mal darüber hinweg.

Entlang der Dahme

MIT DEN ÖFFIS
ÜBERS WASSER

Wie die 4 / BVG-Fähre F12 gehören viele Fähren Berlins zum Netz der Verkehrsbetriebe, das heißt man kann sie unkompliziert mit Öffi-Ticket nutzen.

So wie an der 4 / BVG-Fähre F12 (Müggelbergallee 1A, 12557 Berlin) von Wendenschloss nach Grünau, die ganzjährig als Teil des Berliner ÖPNV verkehrt. Mit frischem Wind im Haar setzen wir über und folgen der Radroute nach Südosten über die Regattastraße. Der Name der Straße kommt nicht von ungefähr. Denn seit Ende des 19. Jahrhunderts wurden hier an der Dahme Segel- und Ruderregatten ausgetragen, u. a. zu großen Wettkämpfen wie den Olympischen Sommerspielen 1936; aus dieser Zeit stammt auch die große 5 / Regatta-Tribüne.

Ins erfrischende Nass

Parallel zur Straße verläuft die Straßenbahnroute der Linie 68, die unseren Weg bis zu ihrer Endhaltestelle in Schmöckwitz begleitet. Die Tram hält auch am traditionsreichen 6 / Strandbad Grünau (saisonal geöffnet, 6,50/3,50 €, Sportpromenade 9, 12527 Berlin, strandbadgruenau.de), das als ältestes Berliner Familienbad bereits

➤ **rechts oben / Schloss Köpenick** ➤ **rechts Mitte / Das Schloss ist von allen Seiten eindrucksvoll**

KM 1

Auf dem Gelände des 2 / Schloss Köpenick finden zahlreiche Veranstaltungen statt, wie im Sommer das kostenfreie Open-Air Musik im Park oder der stimmungsvolle Köpenicker Winzersommer. Vor dem Besuch unbedingt den Veranstaltungskalender prüfen!

BADEN
IN DER DAHME

Statt im 6 / Strandbad Grünau kann
man entlang des Dahme-Radwegs
auch viele Naturbadestellen nutzen,
die schattig unter Bäumen liegen.

SANDSTRAND
AM SEE

seit 1908 zum Planschen im Langen See, wie der breitere, lange
Teil der Dahme hier genannt wird, einlädt. Neben großen Wiesen
und feinstem Sandstrand gibt es dort auch Sportflächen und Spielplatz und somit Unterhaltung für die ganze Familie. Dort kann man
gemütlich den ganzen Tag verbringen. Doch bevor wir uns einen
Sonnenbrand holen, radeln wir lieber weiter und haben von nun
an die Straße als Radweg durch den Wald ganz für uns.

Durch den schattigen Wald

Wir erreichen Schmöckwitz, fahren vorbei am Radladen Radstation und queren die Dahme erneut über die Schmöckwitzer Brücke,
die einen schönen Wasserblick auf den Zeuthener See im Süden
und den Seddinsee im Norden bietet. Ein paar Kilometer schatti-
ger Waldradweg entlang der Wernsdorfer Straße liegen vor uns.
Rechts gibt es immer wieder tolle Ausblicke in den schönen Wald
und so rollt es sich geschwind bis nach Wernsdorf, wo wir die Straße schließlich nach links überqueren und über eine ruhige Nebenstraße bis zum Oder-Spree-Kanal radeln. Dort heißt es absteigen

und das Rad über die Rampen auf die Rad- und Fußbrücke schieben und von oben den Blick auf den Kanal genießen! Danach geht es auf der Radroute weiter auf die Gosener Berge zu. Berge mag etwas übertrieben klingen, doch ein wenig Auf und Ab erwartet uns dort schon – und dabei immer wieder schöne Blicke zwischen den Bäumen auf den Wernsdorfer See und die Wiesen und Felder.

652

Das ist die Anzahl der Farn- und Blütenpflanzenarten, die im 7 / NSG Müggel-spreeniederung Teilgebiet Gosener Wiesen und Seddinsee gefunden wurden. Den besten Einblick in die artenreichen Erlenbrüche und Fließe erhält man über eine Paddeltour entlang des Gosener Grabens.

Durchs Naturschutzgebiet

Wir machen einen kurzen Abstecher nach Brandenburg, wenn wir durch den Ort Gosen fahren. Diesen verlassen wir nach links über die Gosener Landstraße, die durch das artenreiche 7 / NSG Müggelspreeniederung verläuft, welches hier als Teilgebiet Gosener Wiesen und Seddinsee vor allem durch eine schwer zugängliche Feuchtwiesen- und Bruchwaldlandschaft geprägt ist. Der Radweg verläuft auf der linken Straßenseite. Wir überqueren die Straße kurz nach der Brücke am Gosener Kanal und fahren nach rechts in den Wald hinein. Der besser zu erreichende Teil des Naturschutzgebiets folgt nun auf unserer Route: Die Krumme Laake und Pelzlaake liegen südlich der Müggelspree, die wir über einen naturbelassenen Schotterweg durch den herrlich kühlen Wald erreichen.

◄ **links / Brücke über den Gosener Kanal im NSG Müggelspreeniederung** ▲ **oben / Nicht mehr weit zu den Gosener Bergen**

Auf einen Abstecher nach Venedig

Ich finde, es ist Zeit für eine kleine Pause und die kann man zum Beispiel direkt nach der Überquerung des Alten Spreearms über die „Russenbrücke" machen. Dort liegt neben einem Bootsverleih das Outdoorcafé 8 / Klein Schwalbenberg (April–Sept., Fr–So, Triglawstraße 20, 12589 Berlin), wo man auf der kleinen Terrasse gemütlich eine Erfrischung und einen Imbiss einnehmen kann. Danach geht es weiter über die Triglawbrücke und nach links in ein einzigartiges Viertel an der Müggelspree: Wir besuchen 9 / Neu-Venedig. Vielleicht kannst du dir denken, weshalb es so heißt … Zahlreiche Kanäle unterteilen das romantische Einfamilienhausgebiet und erwecken so den Eindruck, man befinde sich in der italienischen Lagunenstadt – nur mit mehr Grün und weniger Touristen. Sehr sehenswert!

SPIELPLATZ AM SEE
Am 12 / Großen Müggelsee befindet sich neben dem Ausflugslokal Rübezahl (Müggelheimer Damm 143, 12559 Berlin) ein toller hölzerner Kletterspielplatz.

Mit der kleinsten Fähre Berlins über die Müggelspree

Abgerundet wird der Abstecher mit einem Besuch des Alten Fischerdorfs Rahnsdorf, wo neben der Müggelseefischerei die Paule III, Berlins einzige 10 / BVG-Ruderfähre F24 (Mai–Okt., Sa–So, 11–19 Uhr, stdl., Kruggasse, 12589 Berlin), am Wochenende und an Feiertagen auf die andere Seite der Müggelspree übersetzt.

KM 28

Berlins einzige 10 / Ruderfähre F24 ist gleichzeitig die kleinste Fähre der Stadt. Das von einem Ruderer betriebene Gefährt nimmt auf Nachfrage auch Fahrräder mit – perfekt, um den Weg aus Rahnsdorf etwas abzukürzen und ein für die Großstadt sicherlich einmaliges Fährerlebnis zu genießen.

On the photo, a sign reads:

> **Großer Müggelsee**
> **Fahrverbot**
> **für Sportboote**
> mit in Betrieb gesetzten
> Verbrennungsmotor
> außerhalb
> der Fahrrinne

Auf dem Europaradweg entlang des größten Berliner Sees

Wir setzen unseren Weg nun auf dem asphaltierten Europaradweg R1 fort, der durch den schönen Wald südlich des Müggelsees und nördlich der Müggelberge verläuft. Wer möchte, kann an der 11 / Badestelle Kleiner Müggelsee (Hinter d. Düne 8, 12559 Berlin) an einem frei zugänglichen Sandstrand noch einmal ins kühle Nasse eintauchen und dann den Weg Richtung größtem Berliner See, dem 12 / Großen Müggelsee, auf der Müggelseepromenade fortsetzen. Auf Höhe des alten Spreetunnels biegen wir schließlich nach links ab und nähern uns langsam wieder stärker bewohnten Gegenden. Über den R1 fahren wir auf Müggelheimer Damm und Straße zu und erreichen nach knapp 1,5 Kilometern unseren Startpunkt am 1 / S-Bahnhof Spindlersfeld wieder.

TOUREN INFO / Größtenteils asphaltierte Wege mit ein paar gut fahrbaren Schotter- und Waldwegen, moderate Steigungen, gut geeignet für Familien. Viele Badestellen, also an die Badesachen denken!

◄ links / Outdoorcafé Klein Schwalbenberg ▲ oben / Zum Müggelsee

START-ZIEL

Spree

Alte Erpe

Erpetal

i

FRIEDRICHSHAGEN

Müggelspree

S

P

1

2

3

KÖPENICK

i

ADLERSHOF

S

BERLIN

Neue
Wiesen

12

Teltowkanal

Dahme

B 96a

Teufelsseemoo
Köpenick

Grünauer
Kreuz

GRÜNAU

4

Gartenstadt
Falkenberg
(UNESCO-Welterbe)

ALTGLIENICKE

S

5

Falkenberg

6

S

Krumme
Lake
Grünau

Langer See

BOHNSDORF

S

Karolinenhof

B 96a

A

Plumpengraben

Siedlung Waltersdorf

Fließgraben

Schmöckwitz-Siedlung

Vorwerk

START | ZIEL
S-Bahnhof Spindlersfeld, Ernst-
Grube-Straße, 12555 Berlin

HINKOMMEN
Auto / Ernst-Grube-Straße,
12555 Berlin, Parkplatz Ottomar-
Geschke-Str., 12555 Berlin
ÖPNV / Mit der S47 bis S-Bahn-
hof Spindlersfeld

➤ **1 /** S-Bahnhof Spindlersfeld
➤ **2 /** Schloss Köpenick ➤ **3 /** Kietz
➤ **4 /** Fähre F12 ➤ **5 /** Regatta-Tri-
bünen ➤ **6 /** Strandbad Grünau
➤ **7 /** NSG Müggelspreeniederung
➤ **8 /** Café Klein-Schwalbenberg
➤ **9 /** Neu-Venedig ➤ **10 /** BVG-
Ruderfähre F24 ➤ **11 /** Badestelle
Kleiner Müggelsee ➤ **12 /** Großer
Müggelsee

Siedlung Eichberg

S

Eichwalde

Schulzendorf

grabenaue
Waltersdorf

L 401

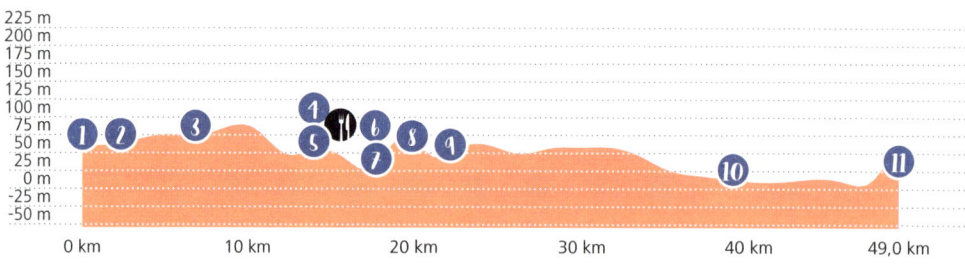

ABWECHSLUNG PUR

In jeglicher Hinsicht – zwischen hügeliger Märchenlandschaft und kultureller Schlössertour liebe ich die Vielfalt dieser anspruchsvolleren Tagestour.

➤ 1 / Die Regionalbahn bringt uns aus Berlin an unseren Startpunkt, dem Bahnhof Rehfelde

➤ 2 / Vorbei an der größten Feldsteinpyramide Deutschlands, der Pyramide Garzau

➤ 3 / Der Europaradweg R1 führt uns durch den Tag

➤ 4 / Perfekter Radlerstopp im Café Tilia

➤ 5 / Die historische Buckower Kleinbahn wird elektronisch betrieben

➤ 6 / An der Radstation in Buckow lassen sich die Akkus wieder aufladen

➤ 7 / Auch zu Fuß wunderschön, der Schlosspark Buckow

➤ 8 / Über die Berge des vielfältigen Naturparks Märkische Schweiz

➤ 9 / Sand ist typisch auf Brandenburger Wegen, die Flugsanddüne ist etwas Besonderes

➤ 10 / Pracht und Programm am Schloss Neuhardenberg mit traumhaftem Schlosspark

➤ 11 / Am Bahnhof Seelow-Gusow können wir stündlich zurück nach Berlin fahren

AUF HÖHENMETER-SUCHE

Von Schloss *zu* Schloss *durch die* Märkische Schweiz

Diese Tour hat es in sich: Vollgepackt mit Sehenswürdigkeiten reiht sich Schloss an Schloss, und Höhenmeter an Höhenmeter. Gepaart mit der wunderbaren Naturkulisse und entspannten Radwegen verspricht die Route den Tag abwechslungsreich zu füllen!

Eine Pyramide in Brandenburg

Unsere vielfältige Tagestour in die Märkische Schweiz startet im Osten von Berlin am 1 / Bahnhof Rehfelde, wo stündlich Züge aus der Hauptstadt halten. Von hier geht es direkt auf den Radweg und der Straße folgend durch den Ort Garzau. Kurz nach dem im Privatbesitz befindlichen Schloss biegen wir nach links auf eine Nebenstraße ab in den ehemaligen, nun verwilderten Landschaftspark. Das alte Kopfsteinpflaster macht den Weg etwas ungemütlich, aber die Mühe lohnt sich. Mitten im Grünen steht hier Deutschlands größte Feldsteinpyramide, die 2 / Pyramide Garzau (Am Gutshof, 15345 Garzau-Garzin, pyramide.garzau.de) aus dem 18. Jahrhundert, die in der Brandenburger Landschaft definitiv Eindruck macht.

49 Kilometer
110 Höhenmeter
4 Stunden
Streckentour

CHARAKTER
Sportlich ●●●●○
Abkühlung ●●○○○
Schlemmen ●●●○○
Panorama ●●●●●

◄ **links / Radweg bei Garzau**

Auf dem R1

Wir steigen auf die Räder und fahren uns nun erstmal etwas ein. Auf den folgenden ca. 10 Kilometern können wir abseits vom Straßenverkehr idyllisch an Feldern entlang und durch Wald radeln. Der Feldabschnitt ist eher ungewöhnlich ausgebaut worden. Während mittig altes Kopfsteinpflaster verläuft, können wir an den Wegrändern auf gut fahrbarem Pflaster radeln. Die Strecke ist Teil des 3 / Europaradwegs R1, der uns den Großteil des Tages leiten wird. Auf dem asphaltierten Waldweg wird das Gelände hügeliger und deutet an, was uns heute noch erwarten wird. Es geht an der Bergschäferei vorbei, weiter über die B 168 und wir gelangen ins hübsche Waldsieversdorf. Der anerkannte Erholungsort lockt mit vielen kleinen Sehenswürdigkeiten, wie einem sanierten Wasserturm, einer Blumenuhr, dem Sommerhaus des Dadaisten John Heartfield oder dem Strandbad am Großen Däbersee. Für uns bedeutet es aber auch die erste, reizvolle Pausengelegenheit.

QUER DURCH EUROPA
Erkennbar ist die Route des 3 / Europaradwegs R1, der von London bis Moskau führt, am Schild mit grünem Kreis und blauen Sternen mit dem R1-Label.

Radlerrast unter Linden

Auf der Sonnenterrasse des ADFC-Bett+bike-zertifizierten 4 / Café Tilia (Mo, Do, Fr 14–17, Sa–So 13–18 Uhr, Dahmsdorfer Str. 27, 15377 Waldsieversdorf) direkt am R1 lässt es sich für Radfahrende ideal pausieren. Kühle Getränke und hausgemachter Kuchen sorgen genauso dafür wie die im Notfall vorhandenen Repair-Kits fürs Fahrrad. Perfekt!

Mit der Kleinbahn nach Buckow

Am Bahnhof Waldsieversdorf biegen wir nach links ab und radeln auf dem asphaltierten Radweg durch den Wald an den Bahngleisen entlang. Dort fährt ein über 120 Jahre altes Kleinod durch die malerische Kulisse des Naturparks – die elektrisch betriebe-

➤ rechts oben / Pyramide Garzau ➤ rechts Mitte / Café Tilia

KM 2,5

Ein Verein hat Anfang der 2000er aus den Ruinen der 2 / Pyramide Garzau einen möglichst originalge-treuen Wiederaufbau gestartet und diesem eindrucksvollen Bauwerk, das sich auch von innen besichtigen lässt, neues Leben eingehaucht. Am letzten Samstag im August finden an der Pyramide Freiluft-Konzerte statt.

ne Museumsbahn 5 / Buckower Kleinbahn (Sa–So und Feiertage, 3/1,50 €, buckower-kleinbahn.de). Sie nimmt bei Platzverfügbarkeit sogar Fahrräder mit.

Die Perle der Märkischen Schweiz

Kurz nach dem Bahnhof Buckow biegen wir nach rechts auf die Hauptstraße ab und fahren auf dieser durch den einzigen staatlich anerkannten Kneippkurort Brandenburgs ins Herz der Märkischen Schweiz. Am türkisfarbenen Wasser des bis zu 45 Meter tiefen Schermützelsees gelegen, verzaubert der kleine Ort Buckow in vielerlei Hinsicht. Wir kommen am geschäftigen Marktplatz und kurz darauf an einer 6 / Radstation mit Ladeoption für E-Bikes und Reparaturstation vorbei, die sich direkt an der Touristinfo (saisonal, Di–So ab 10 Uhr, Sebastian-Kneipp-Weg 1, 15377 Buckow, maerkischeschweiz.eu) befindet. Von dort ist es nicht weit bis zum herrlichen 7 / Schlosspark Buckow aus dem 17. Jahrhundert. Auch wenn das Schloss nicht mehr erhalten und im Park Radfahren verboten ist, sollte man einen Besuch in Betracht ziehen, um etwas

IN DEN EINZIGEN KNEIPPKURORT BRANDENBURGS

auf dem wunderschönen Parkgelände zu flanieren. Im Sommer gibt es hier klassische Open-Air-Konzerte, die eine wunderbare Atmosphäre schaffen.

Höhenmeter in Brandenburg

Nachdem wir den Schlosspark verlassen haben, empfiehlt es sich, kurz vom Müsliriegel abzubeißen, einen Gang runter und falls vorhanden eine Unterstützungsstufe am E-Bike hochzuschalten und kräftig in die Pedale zu treten. Der vor uns liegende Anstieg auf der Königsstraße ist knackig – aber mit etwas Geduld und Schmackes schaffen wir das. Damit uns beim Hochfahren nicht langweilig wird, hoppeln wir anfangs über ein paar Meter Kopfsteinpflaster, die bald in Asphalt übergehen. Die vor uns liegende Landschaft entschädigt dann für einiges. Der 8 / Naturpark Märkische Schweiz ist ein eiszeitlich geprägtes Landschaftsschutzgebiet mit einigen Seen, Fließen, Wäldern und Schluchten. Vor allem die „Berge" der Region heben sich deutlich von der oft flachen Brandenburger Landschaft ab. Wir fahren auf dem asphaltierten Radweg des R1 durch den Wald, passieren dabei das Umweltzentrum Drei Eichen, sehen malerische Fließlandschaften und sogar eine 9 / Flugsanddüne, die aufgrund ihrer Einzigartigkeit und der steinzeitlichen Funde zum Bodendenkmal erklärt wurde.

BERGE

Der 8 / Naturpark Märkische Schweiz ist ungwöhnlich hügelig. Perfekt zum Wandern – wie durchs Sophienfließ nördlich von Buckow, oder zum Offroad-Radfahren – wie durchs malerische Stobbertal bis zum Tornowsee. Beides gute Optionen, die Tour zu verlängern.

◄ links / Hier lang zum Schlosspark Buckow ▲ oben / Wassermühle in Buckow

Felder und Schlösser

Wir verlassen den Wald, Felder säumen nun den Weg. Es geht durch die Siedlung Münchehofe mit der alten Feldsteinkirche bis nach Obersdorf immer weiter auf dem R1. Mittlerweile folgen wir auch der Radroute der Märkischen Schlössertour, die auf dem Allee-Abschnitt nach Trebnitz teilweise den uns schon bekannten Mix aus Kopfsteinpflaster und Fahrbereichen aus Pflastersteinen aufweist. Alles in allem eine entspannte Strecke abseits des Straßenverkehrs. Wem nach der Sichtung eines weiteren Schlosses ist, der kann in Trebnitz einen Abstecher nach Süden durch den Ort machen und einen Blick auf das Schloss werfen, bevor es auf der L36 gen Norden geht.

ABKÜRZUNG

In Trebnitz fahren wir direkt am Regionalbahnhof vorbei. Nach 30 Kilometern kann man hier die Tour abkürzen und stündlich in den Zug nach Berlin steigen.

Schlosspracht und Schinkel

Vor uns liegt die einzige Radweglücke der Tour und wir fahren die knapp 4 Kilometer bis nach Wulkow auf der ruhigen Landstraße weiter. Dort passieren wir das romantische Hochzeitshotel Schloss Wulkow, bevor wir nach rechts auf den asphaltierten Radweg abbiegen, der nur auf einem kurzen Abschnitt durch einen naturbelassenen Feldweg unterbrochen wird.

Schließlich erreichen wir ein weiteres Tourenhighlight im Ort Neuhardenberg. Die klas-

KM 40

Ein besonderes Highlight ist die Neuhardenberg-Nacht am 10 / Schloss Neuhardenberg im Juni auf dem Gelände des weitläufigen, wunderschönen Schlossparks mit Musik und internationalen Theater- und Performancekünstlern – ein unvergessliches Erlebnis für die ganze Familie in märchenhafter Kulisse.

sizistische Anlage des 10 / Schloss Neuhardenberg (Schinkelplatz, 15320 Neuhardenberg, schlossneuhardenberg.de) mit Hotel, Restaurant und Schinkelkirche wurde vom preußischen Baumeister Karl-Friedrich Schinkel Anfang des 19. Jahrhunderts umgestaltet. Die Stiftung Schloss Neuhardenberg richtet dort ganzjährig ein vielfältiges Programm aus. Die letzten Kilometer liegen vor uns, die wir auf dem straßenbegleitenden Radweg nach Gusow zurücklegen. Das letzte Schloss unserer Tour, das Gusower Schloss, wurde mehrfach umgebaut und erscheint heute im neogotischen Stil. Mit dem Bild dieses eindrucksvollen Bauwerks im Kopf erreichen wir kurz darauf den 11 / Bahnhof Seelow-Gusow und steigen nach einem ereignisreichen Tag in den Zug, der uns über unseren Startort hinweg stündlich wieder nach Berlin bringt.

TOURENINFO / Größtenteils asphaltiert mit einigen Steigungen, für fitte Familien auch mit Anhänger geeignet, tolle E-Bike-Tour mit Lademöglichkeit an der 6 / Radstation, Badestopp möglich. Ggf. an Handtuch, Mücken- und Sonnenschutz denken!

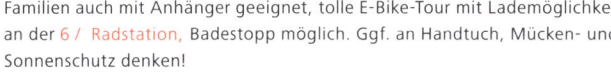
◄ links / Schloss Neuhardenberg ▲ oben / Schafe bei Münchehofe

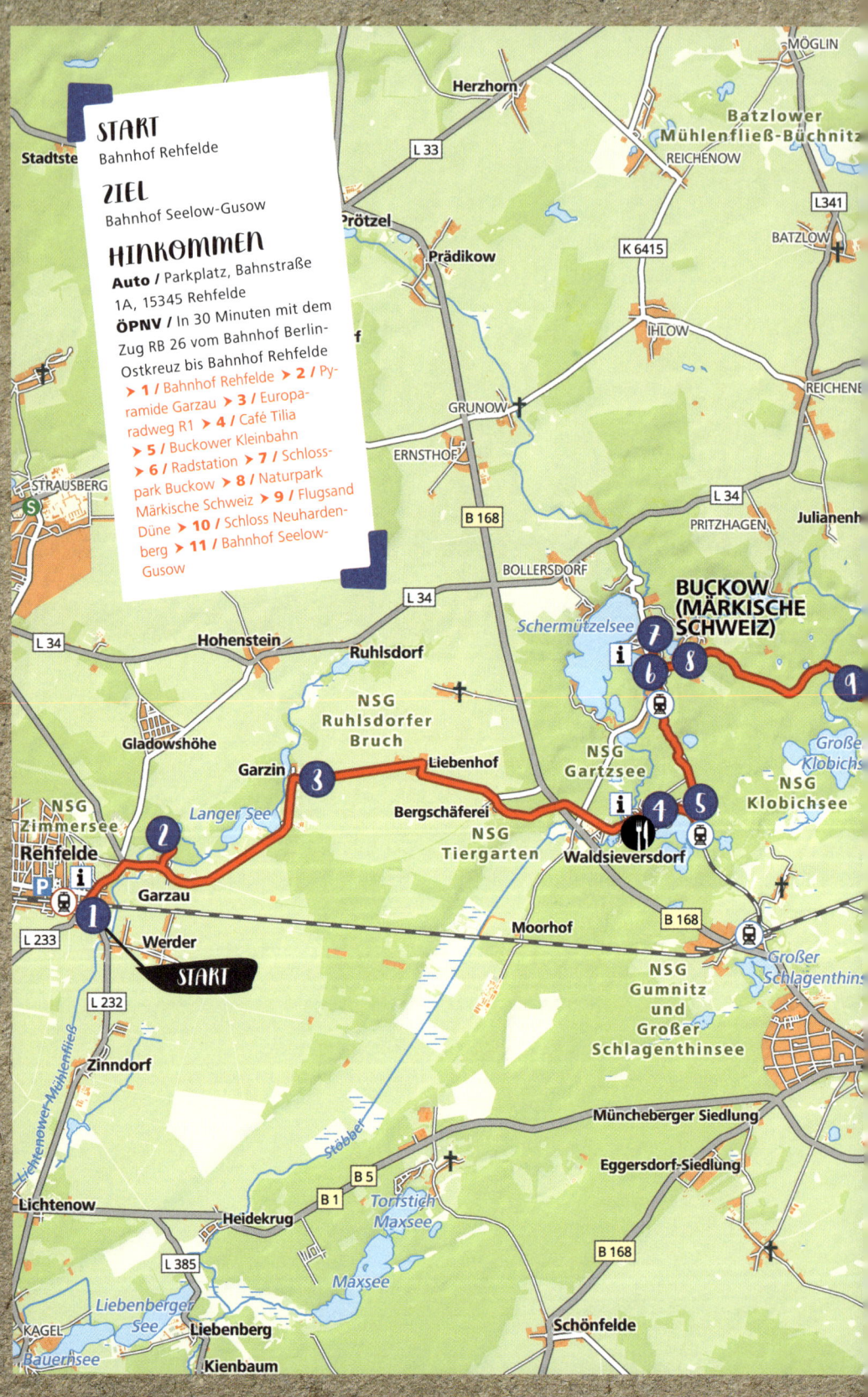

START
Bahnhof Rehfelde

ZIEL
Bahnhof Seelow-Gusow

HINKOMMEN
Auto / Parkplatz, Bahnstraße
1A, 15345 Rehfelde
ÖPNV / In 30 Minuten mit dem
Zug RB 26 vom Bahnhof Berlin-
Ostkreuz bis Bahnhof Rehfelde
➤ **1** / Bahnhof Rehfelde ➤ **2** / Pyramide Garzau ➤ **3** / Europaradweg R1 ➤ **4** / Café Tilia
➤ **5** / Buckower Kleinbahn
➤ **6** / Radstation ➤ **7** / Schlosspark Buckow ➤ **8** / Naturpark
Märkische Schweiz ➤ **9** / Flugsand
Düne ➤ **10** / Schloss Neuhardenberg ➤ **11** / Bahnhof Seelow-
Gusow

NATUR UND KULTUR

Ich mag diese Tour besonders, da sie landschaftlich das eine oder andere Mal überrascht und eine tolle Kombination aus Natur und Kultur bietet.

➤ **1 /** Am Bahnhof Caputh-Schwielowsee starten und enden wir mit Urlaubsatmosphäre

➤ **2 /** Zu Besuch in der Havelländischen Malerkolonie

➤ **3 /** Hoch über dem Boden auf dem Baumwipfelpfad Beelitz-Heilstätten

➤ **4 /** Gartenkultur wie in Japan im Japanischen Bonsaigarten

➤ **5 /** Auf den Spuren Fontanes in Petzow

➤ **6 /** Regionale Spezialitäten genießen im Sanddorngarten Petzow

➤ **7 /** Zwischen künstlichen Glindower Alpen und wilder Natur

➤ **8 /** Im Ziegeleimuseum Glindow erfährt man mehr über die regionale Tonverarbeitung

➤ **9 /** Zum Ausklang auf eine Erfrischung ins Seebad Caputh

HÖHENLUFT IM GRÜNEN

Über den **Baumwipfeln** und rein in die **Brandenburger Alpen**

Viel Natur mit Wäldern, Heidelandschaft und kleinen Anstiegen gestalten diese Tagestour im Südwesten von Potsdam. Wir bestaunen hoch über den Baumwipfeln historische Mauern, die die Natur zurückerobert hat, genießen Sanddorn aus regionalem Anbau und machen einen Abstecher in die Brandenburger Alpen.

42 Kilometer
65 Höhenmeter
3:30 Stunden
Rundtour

In die Malerkolonie

Los geht die Fahrt am kleinen 1 / Bahnhof Caputh-Schwielowsee. Der hübsche Ort, in dem schon Einstein einige Zeit wohnte, erzeugt mit seinen bemerkenswerten Villen und der direkten Wasserlage am Schwielowsee sofort Urlaubsstimmung. Wir rollen auf dem Radweg der Historischen Stadtkernroute 4 gen Südwesten bis zum ehemaligen Fischerdorf Ferch-Schwielowsee. Dies hat

CHARAKTER
Sportlich ●●●●○
Abkühlung ●●●○○
Schlemmen ●●○○○
Panorama ●●●○○

nicht nur ein Strandbad, sondern ist vor allem bekannt aufgrund seiner 2 / Havelländischen Malerkolonie mit eigenem Museum (Aug.–Okt. Do–So 12–16, Nov.–April Sa–So 12–16 Uhr, 3/2,50 €, Beelitzer Str. 1, 14548 Schwielowsee, havellaendische-malerkolonie.de) im regional typischen reetgedeckten Fachwerkhaus.

◀ links / Lost Place, nicht länger verloren: Baumwipfelpfad Beelitz-Heilstätten

Über urige Waldwege in die Heide

Wir biegen ab in den Mühlengrund und weiter nach links auf die naturbelassene Nebenstraße Sonnenfang, die uns mit ein paar holprigen Schlaglöchern etwas mehr Aufmerksamkeit abverlangt. Der Weg vorbei an wilden Wiesen und kleinen Häusern bringt uns bis zur Waldgrenze. Hier wird es etwas kniffeliger. Gröberes Reifenprofil zahlt sich aus, denn es geht nun über einen kurzen Abschnitt über einen sandigen Waldweg ein paar Meter berghoch. Keine Sorge, absteigen und kurz schieben ist machbar – die Mühe lohnt sich! Denn der Wald ist traumhaft schön. Jetzt erstmal tief durchatmen! Nach knapp 400 Metern werden wir auch schon mit dem glatten Asphalt des Europaradwegs R1 belohnt.

ALTERNATIVER WEG

Wer den Waldweg aus Ferch heraus umgehen will, kann dem Mühlengrund weiter folgen und gelangt dann etwa 2 km nördlich bereits auf den Fernradweg R1.

Auf und ab durch Wald und Heide

Es geht mitten durch den Wald, über die Autobahnbrücke der A 10 und vorbei an Beelitzer Heidelandschaft mit den charakteristischen Heidekrautpflanzen, die sich hier im sandigen Waldboden links und rechts des Weges richtig wohlfühlen. Besonders im Spätsommer ab Mitte August erstrahlt die Heide in voller Blütenpracht. Nach der Autobahnbrücke über die A 9 wird der Radweg hügeliger und in einem beständigen Auf und Ab radeln wir nun auf der Schneise zwischen den Wäldern bis zu einer Bahnunterführung. Achtung, mitunter ist der Weg durch die Wurzeln der Bäume etwas uneben!

Zwischen modernen Kliniken und überwachsenen Ruinen

Nach weiteren Metern durch den Wald erreichen wir schließlich den Beelitzer Ortsteil Beelitz-Heilstätten und biegen nach rechts auf den Radstreifen der Bundesstraße ab. Alte und neue Bauwerke säumen kontrastreich die Straße. Roter Backstein trifft auf Fachwerk, kleine Türmchen und runde Fensterbögen gestalten die Fas-

➢ rechts oben / Hafen von Ferch ➢ rechts Mitte / Museum der Havelländischen Malerkolonie

KM 6

Das Museum der 2 / Havelländischen
Malerkolonie Ferch zeigt regionale
Kunst. Schon Ende des 19. Jahrhunderts siedelten sich, inspiriert
von der vielfältigen, wunderschönen
märkischen Landschaft, viele bilden-
de Künstler in der Gegend um Ferch
und den Schwielowsee an.

RAST IM WALD

Auf dem Streckenabschnitt des Fernradwegs R1 befinden sich zahlreiche große Schutzhütten – perfekt für eine gemütliche Rast am Wegesrand.

BEKANNTESTER LOST PLACE BRANDEN-BURGS

saden. Besonders eindrucksvoll heben sich das alte Heizkraftwerk und die umgebenden Gebäude ab und erinnern an den architektonischen Charme der Jahrhundertwende um 1900. Wir fahren am Bahnhof Beelitz-Heilstätten vorbei und nähern uns einem Areal, das als einer der eindrucksvollsten Lost Places Brandenburgs berühmt wurde – die überwachsenen und halb verfallenen Gebäude der ehemaligen Lungenheilanstalt. Spätestens seit 2015 kann man die Heilstätten aber eher als Saved Place betrachten und die eindrucksvollste Art, diese zu besuchen ist über den 3 / Baum & Zeit – Baumwipfelpfad Beelitz-Heilstätten (tgl. ab 10 Uhr, außer im Winter, 13,50/10 €, An der L88, 14547 Beelitz, baumundzeit.de).

Über den Eurovelo zurück nach Ferch

Wir schwingen uns wieder aufs Rad und folgen der L88 ein kurzes Stück, bis es in der Kurve nach rechts auf einen breiten Forstweg geht. Achtung, Abfahrt nicht verpassen, denn es gibt keine richtige Überfahrt vom links der Fahrbahn gelegenen Radweg in die Seitenstraße! Nach etwa 800 m auf dem größtenteils festen, sandigen Weg

biegen wir rechts ab, um kurze Zeit später wieder auf den asphaltierten Fernradweg R1 zu stoßen, den wir schon von der Hinfahrt kennen. Nach ca. 3 km auf der bekannten Strecke setzen wir den Weg auf dem R1 weiter geradeaus und herrlich bergabrollend fort.

Japanische Gartenkultur in Brandenburg erleben

Der Fernradweg bringt uns nun weiter nach Norden, wo wir an der Kreuzung zur Fercher Straße noch einmal einen kurzen Abstecher nach Süden zum 4 / Japanischer Bonsaigarten (April–Ende Okt., Mi–So 11–18 Uhr, 6/5/3 €, bonsai-haus.de) machen können. Dieser kleine, wunderschön angelegte Garten bildet einen gepflegten Kontrast zu den wilden Anlagen der Heilstätten zuvor.

Auf einen Sanddornsaft nach Petzow

Anschließend radeln wir auf dem Radweg der Fercher Straße weiter nach Norden bis nach 5 / Petzow, wo es einen schönen Gutspark gibt, der nach Plänen des in der Region viel beschäftigten Landschaftsplaners Lenné angelegt wurde, inklusive Schloss und Schinkelkirche. Außerdem bietet Petzow eine tolle Pausengelegenheit. Im 6 / Sanddorngarten Petzow (tgl. 10–18 Uhr, Fercher Str. 60, 14542 Werder/Havel, sanddorn-garten-petzow.de) kann man sich im Hof-

700 m

Das ist die ungefähre Länge des 3 / Baumwipfelpfads Beelitz-Heilstätten, der es ermöglicht, das Gelände oberhalb der Baumwipfel zu bestaunen. Dort gibt es noch weitere Attraktionen für die ganze Familie. Die Fahrräder lassen sich direkt bei den Kassen abstellen.

‹ links / Ehemalige Lungenheilanstalt Beelitz ∧ oben / Sanddorngarten Petzow

laden direkt mit Bio-Sanddornprodukten und weiteren regionalen Spezialitäten versorgen und im Café-Imbiss direkt probieren.

Wilde Natur in künstlichen Alpen

Vom Sanddorngarten aus fahren wir bergab zurück bis zum Haussee und biegen dort rechts ab. Wir befinden uns auf dem Panoramaweg Werderobst und direkt am Glindower See. Links der Route erstreckt sich nun ein hügeliges Waldgebiet, das den ungewöhnlichen Namen 7 / Glindower Alpen trägt. Alpen? Ein bisschen übertrieben mag das klingen, doch einmalig in der Region ist diese Landschaft auf jeden Fall. Wer Lust hat, sich noch einmal ein wenig die Füße zu vertreten, sollte spätestens am 8 / Ziegeleimuseum Glindow (Sa-So 10-16 Uhr, Alpenstraße 44, 14542 Werder/ Havel, ziegeleimuseum-glindow.de) das Fahrrad an einen der Bügel anschließen und einen Abstecher auf die Naturlehrpfade machen.

ÜBERS CAPUTHER GEMÜNDE

Alternativ zu Treppe und Bahnbrücke befindet sich etwa 500 Meter nordöstlich die Fähre Caputh, mit der man ganzjährig übersetzen kann.

Über Werder zurück nach Caputh

Im Anschluss geht es für uns über die Alpen- und die Klaistower Straße weiter nach Norden bis Werder/ Havel. Damit schließen wir die Umrundung des Glindower Sees ab und radeln über die

KM 29

Das wild-romantische Naturschutzgebiet 7 / Glindower Alpen ist entstanden durch jahrhundertelangen Tonabbau (Glindow, von Glina, slawisch für Ton/Lehm). In den Schluchten und Wällen hat sich ein vielfältiges Naturareal mit Teichen und Plateaus entwickelt, was vielen Tieren- und Pflanzen eine Heimat bietet.

Baumgartenbrücke nach Geltow. Die Historische Stadtkernroute 4 bringt uns über die Insel Wentorf bis zur Caputher Gemünde. Dort können wir uns in der außergewöhnlichen Strand- und Eventlocation 9 / Seebad Caputh (Öffnung jahreszeitlich, Weg zum Strandbad 1, 14548 Schwielowsee OT Caputh, seebad-caputh.de) noch eine Erfrischung gönnen, bevor wir über die stählerne Eisenbahnbrücke über das Wasser zurück nach Caputh gelangen. Die Brücke ist nur über eine Treppe zu erreichen, ergo wir müssen das Fahrrad kurz schultern. Ein schöner Wasserblick belohnt. Nach wenigen Metern haben wir den 1 / Bahnhof erreicht. Übrigens lässt sich diese Tour mit der folgenden ArchitekTour durch Potsdam, für ein ausgedehntes Fahrradwochenende in der Region, kombinieren.

TOUREN1NFO / Größtenteils asphaltiert und gut fahrbar, verschiedene Untergründe mit kurzen Waldweg- und Sandpassagen möglich, etwas profilierte Reifen von Vorteil, moderate, kurze Steigungen. Rastplätze unterwegs vorhanden und Baden im Strandbad möglich.

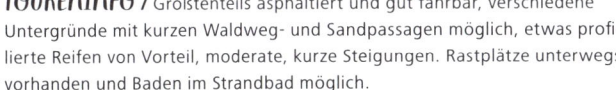
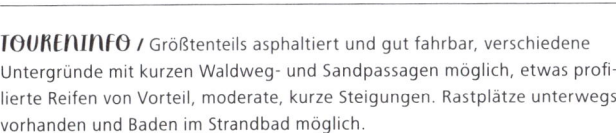

◄ links / In den Glindower Alpen ∧ oben / Durch Caputh

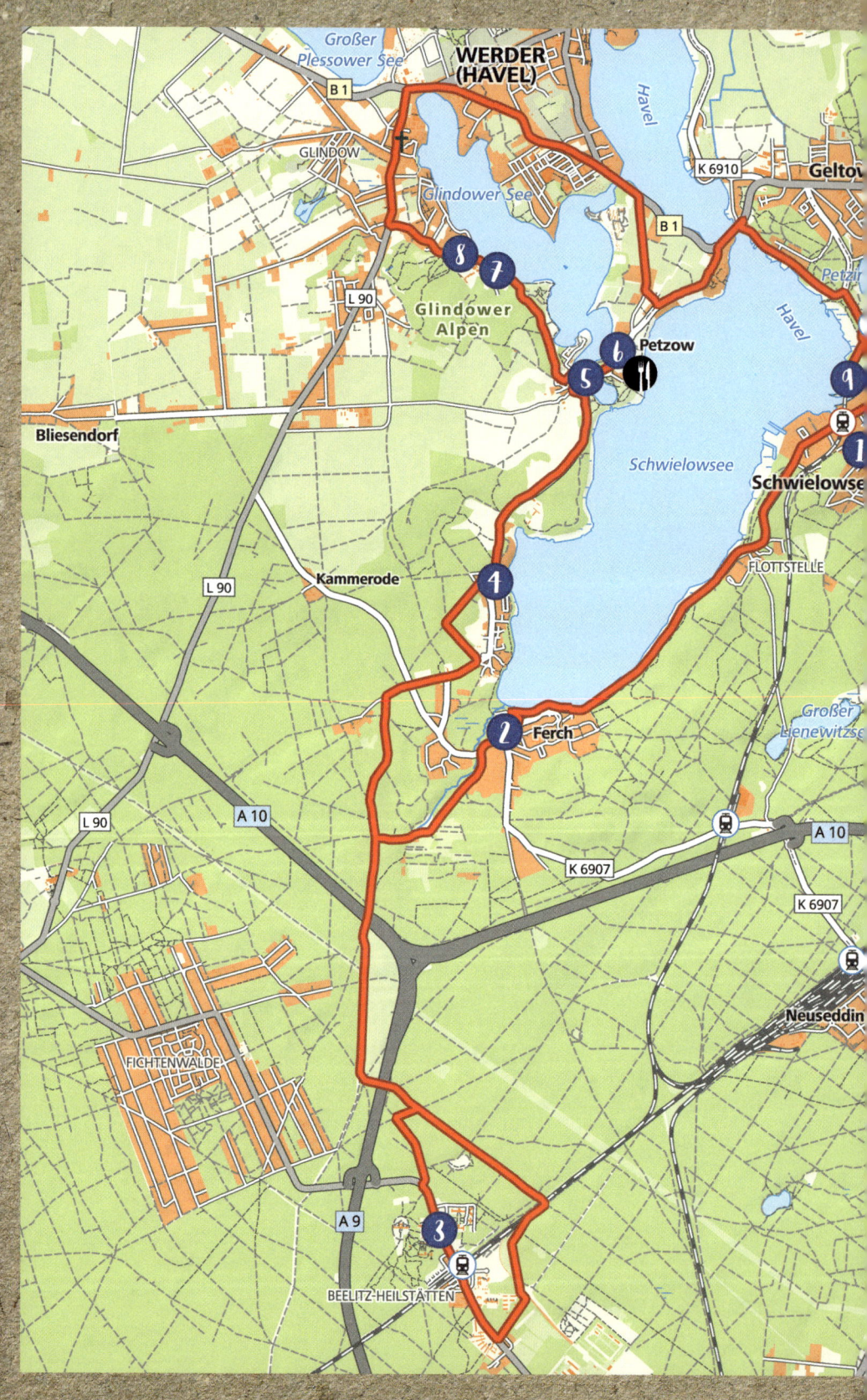

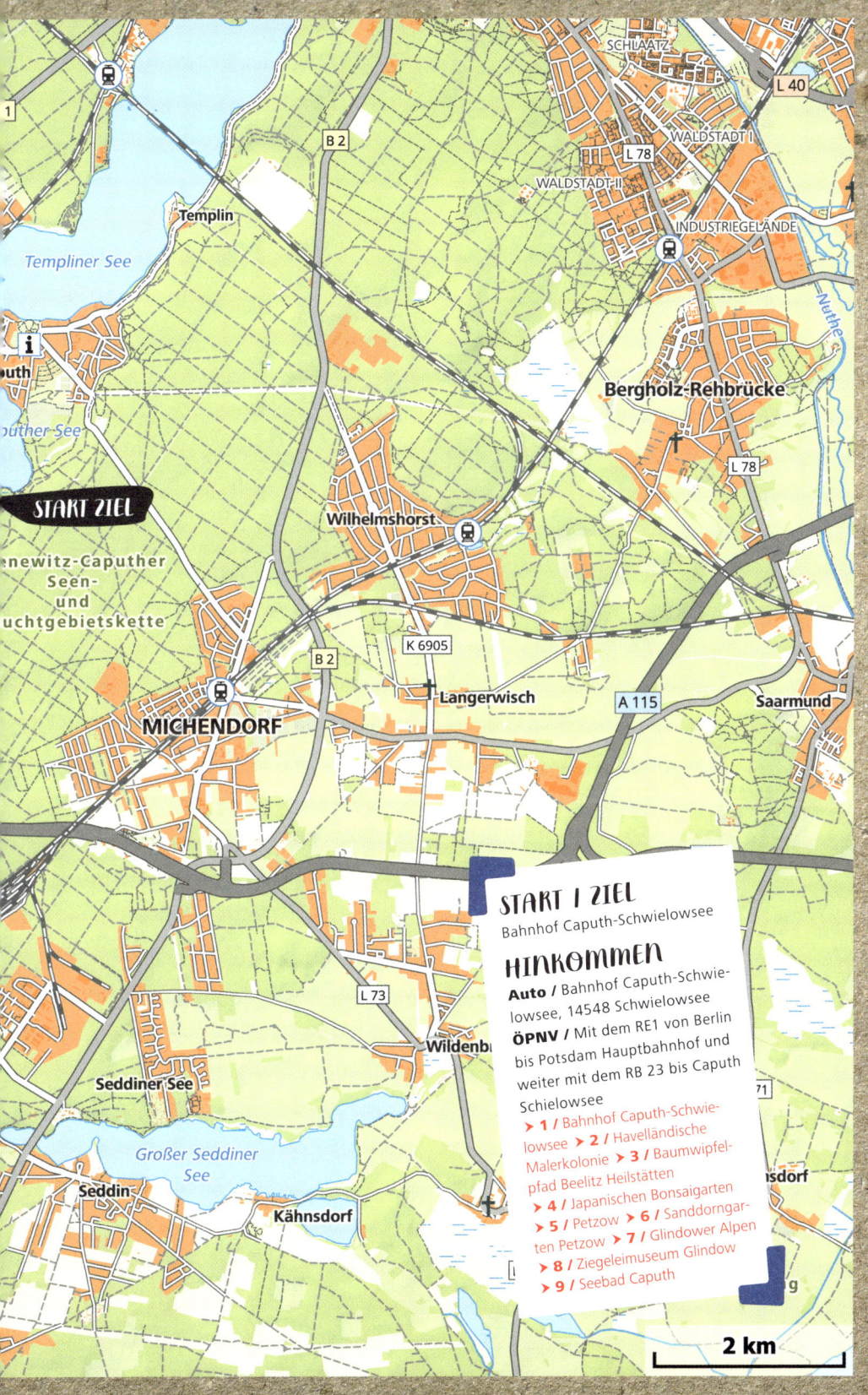

1

B 2

SCHLAATZ

L 40

WALDSTADT I

L 78

WALDSTADT-II

Templin

INDUSTRIEGELÄNDE

Templiner See

Bergholz-Rehbrücke

i

uth

L 78

uther See

START ZIEL

Wilhelmshorst

enewitz-Caputher
Seen-
und
uchtgebietskette

K 6905

B 2

Langerwisch

A 115

Saarmund

MICHENDORF

L 73

Wildenb

71

Seddiner See

Großer Seddiner
See

Seddin

Kähnsdorf

sdorf

START | ZIEL
Bahnhof Caputh-Schwielowsee

HINKOMMEN
Auto / Bahnhof Caputh-Schwielowsee, 14548 Schwielowsee
ÖPNV / Mit dem RE1 von Berlin
bis Potsdam Hauptbahnhof und
weiter mit dem RB 23 bis Caputh
Schielowsee
➤ 1 / Bahnhof Caputh-Schwielowsee **➤ 2 /** Havelländische
Malerkolonie **➤ 3 /** Baumwipfelpfad Beelitz Heilstätten
➤ 4 / Japanischen Bonsaigarten
➤ 5 / Petzow **➤ 6 /** Sanddorngarten Petzow **➤ 7 /** Glindower Alpen
➤ 8 / Ziegeleimuseum Glindow
➤ 9 / Seebad Caputh

g

2 km

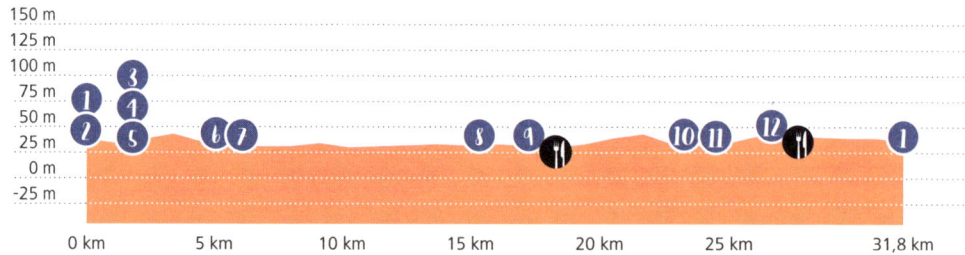

STADTNATUR

Die geballte Ladung Abwechslung zwischen prunkvoller Architektur und duftenden Blüten macht diese Tour für mich besonders im Frühjahr zu einem außergewühnlichen Highlight.

➤ 1 / Wir starten und enden im Herzen der Landeshauptstadt am Potsdamer Hauptbahnhof

➤ 2 / Am Alten Markt zeigt sich schon ein breites Baukunstspektrum

➤ 3 / Die bedeutende Garnisonkirche erstrahlt bald im neuen Glanz

➤ 4 / Die Potsdamer Version des Brandenburger Tors an der Fußgängerzone

➤ 5 / Das Must-See bei einem Potsdambesuch: Schloss Sanssouci

➤ 6 / Prunkvoller Abschluss der Fahrt durch Potsdam: das Neue Palais

➤ 7 / Ungestört vom Verkehr fährt es sich auf der schönen Lindenallee

➤ 8 / Volksfeststimmung genießen beim Baumblütenfest Werder

➤ 9 / Flanieren in schmalen Gassen auf der historischen Altstadtinsel Werder

➤ 10 / 100 m übers Wasser mit der Fähre Caputh

➤ 11 / Ein Abstecher zum barocken Lustschloss Schloss Caputh

➤ 12 / Leckeres Bio-Bier aus der Region bekommt man im Forsthaus Templin

NATÜRLICHE PRACHT

Von Potsdamer Barockschlösschen
und Kirschblüten

Diese vielfältige Tagestour verzaubert uns zu nahezu jeder Jahreszeit. Wir bewundern prunkvolle Barockarchitektur und aufwändige Gärten, erfreuen uns an Baumblüte und schattigen Wäldern und genießen dabei immer wieder die Nähe zum kühlen Nass.

Potsdamer Architekturschätze

Los geht's am 1 / Hauptbahnhof Potsdam in der Brandenburger Landeshauptstadt, in der wir allein schon den ganzen Tag verbringen könnten. Auf einem breiten Radweg rollen wir über die Lange Brücke mitten hinein in die mit UNESCO-Welterbe-Kulturstätten gespickte Innenstadt. Es lohnt sich einen Abstecher nach rechts über die Humboldstraße zum 2 / Alten Markt (Am Alten Markt 29, 14467 Potsdam). Hier befinden sich Museen, der Potsdamer Landtag im neu errichteten Stadtschloss sowie die klassizistische St. Nikolaikirche mit ihrer Kuppel. Über die Breite Straße geht es vorbei am ältesten Gebäude der Stadt, dem Marstall aus dem Jahr 1685, wo heute das Filmmuseum sitzt. Spannend ist auch die Baustelle der historischen 3 / Garnisonkirche, deren Kirchturm aufwändig wieder aufgebaut wird.

32 Kilometer
10 Höhenmeter
3:30 Stunden
Rundtour

CHARAKTER
Sportlich ●●○○○
Abkühlung ●●●○○
Schlemmen ●●●○○
Panorama ●●●●○

◄ links / Neues Palais in Potsdam

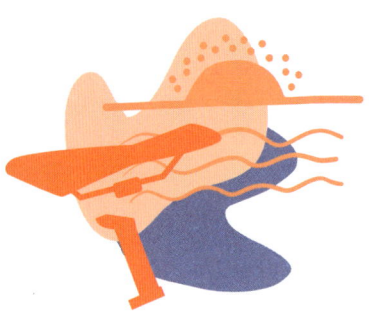

Prunk wie im barocken Frankreich

Wir biegen nach rechts auf die Schopenhauerstraße ab und radeln direkt auf ein Wahrzeichen Potsdams zu, das 4 / Brandenburger Tor Potsdam (Luisenpl., 14471 Potsdam), ein Triumphbogen aus dem Jahr 1770. Von nun an befinden wir uns auf der Radroute Alter Fritz, die auf den Spuren Friedrich des Großen in einer Rundtour durch Potsdam führt. Dem Radweg folgend nähern wir uns nun den Gartenanlagen und dem wohl berühmtesten Sommerschloss aus dem 18. Jahrhundert: 5 / Schloss Sanssouci (Saisonöffnungszeiten, ganzjährig Di–So, 14/10 €, Maulbeerallee, 14469 Potsdam, www.spsg.de), das mit seinen herrlichen Weinbergterrassen bei keinem touristischen Stadtbesuch fehlen darf. Radfahren darf man im Großteil des Parks nicht, doch es gibt Fahrradabstellmöglichkeiten an den Haupteingängen. So halten wir es bei einem Besuch ganz wie Friedrich der Große, ziehen uns für einige Zeit zurück ins erholsame Grün und genießen die Anlagen entschleunigt zu Fuß.

DIE GOLDENE KRONE

Vor der Baustelle der 3 / Garnisonkirche kann man die prunkvolle Krone des Kirchturms bestaunen, die man wohl nie wieder so nah zu sehen bekommen wird.

Zwischen barocken Gärten und steinernen Prachtbauten

Wenn wir unseren Weg dann ein paar Meter berghoch nach Westen fortsetzen, kommen wir nicht umher uns immer wieder nach rechts und links umzuschauen. Weiter der Straße folgend taucht plötzlich die hölzerne Historische Mühle vor uns auf, die im wunderbaren Kontrast zum barocken Zierprunk steht. Ein architektonisches und gärtnerisches Highlight nach dem anderen liegt auf der Route, wie das Orangerieschloss und der Botanische Garten.

Ein bisschen Prunk darfs noch sein

Puh, so viele visuelle Sinnesreize müssen erstmal verarbeitet werden! Aber eine gewaltige Kirsche auf dem Sahneberg gibt es noch:

➤ rechts oben / In der Fußgängerzone von Potsdam ➤ rechts Mitte / Potsdamer Brandenburger Tor

KM 2

Die Potsdamer Version des 4 / Brandenburger Tors liegt am Eingang zur Fußgängerzone der Brandenburger Straße, die nach Nordwesten hin ins berühmte Holländische Viertel mit den charakteristischen Backsteingebäuden übergeht. Ein kleiner Bummel bietet sich an, inklusive einer Kaffeepause in einem der vielen Lokale.

ArchitekTour

RUINENBLICK

Direkt gegenüber vom 5 / Schloss Sanssouci an einem Brunnen an der Straße hat man eine herrliche Aussicht auf die Steinmauern oben auf dem Ruinenberg.

Wir biegen nach links ab und fahren mit den Rädern direkt auf eine riesige Schlossanlage zu. Das 6 / Neues Palais ist ein repräsentativer Prunkbau im Barock- und Rokokostil, welcher als letzter in dieser Parkanlage errichtet wurde und wahrlich imposant wirkt. Jetzt erstmal durchatmen und alle Eindrücke sacken lassen!

VOM STADT-TRUBEL IN DIE ROMANTISCHE LINDENALLEE

Durchatmen unter Bäumen

Dazu verlassen wir das Gelände des Palais, fahren an der Uni Potsdam vorbei, die direkt gegenüber liegt, und biegen schließlich nach rechts auf die 7 / Lindenallee ab. Der Radweg führt schnurgerade durch eine wunderschöne Allee mit großen Bäumen, ohne Verkehr und von Feldern und Wald gesäumt – herrlich nach dem ganzen städtischen Trubel. Zwischen Feldern geht es weiter bis zum Unistandort Golm, wo wir schließlich auf die Radroute F3 und den Galliner Damm treffen. Auch hier bleiben wir fast gänzlich ungestört vom Autoverkehr. Am Wochenende kann es sogar sein, dass man allein zwischen Bäumen und Feldern rollt. Traumhaft.

Endlich am Wasser!

Rechts geht es auf die Eisenbahnbrücke über die Havel zu, die einen Bereich für Zufußgehende und Radfahrende hat. Eine neue Fahrradbrücke ist im Bau, um den Übergang zu erleichtern. Aktuell müssen wir die Räder auf einer Schiene parallel zur Treppe hoch- und runterschieben. Heraus kommen wir auf der anderen Havelseite direkt am Regionalbahnhof von Werder/Havel. Die Stadt ist vor allem für ihr großes 8 / Baumblütenfest (Anf. Mai, werder-havel.de) bekannt, das bereits seit Ende des 19. Jahrhunderts in der Region gefeiert wird, aber auch für den regionalen Obst- und sogar Weinanbau.

Abstecher auf die Havelinsel

Die historische 9 / Altstadtinsel Werder, die nun auf der rechten Seite in der Havel zu sehen ist, erreichen wir über eine Brücke. Dieses Kleinod dürfen wir uns auf keinen Fall entgehen lassen! Hier wartet nicht nur die zweite Windmühle der Tour auf uns, sondern auch kleine Gassen mit bunten Häusern und Cafés, wo wir uns mit einer Stärkung zurücklehnen können. Da nimmt man auch das ebenso historische Kopfsteinpflaster in Kauf, das die Straßen auf der gesamten Insel überzieht.

200

So viele Räume befinden sich im prunkvollsten Schloss Friedrich des Großen, dem 6 / Neuen Palais. Der Detailreichtum der Verzierungen innen wie außen mit großen Freitreppen, Säulengängen und Kuppeln lassen einen aus dem Staunen gar nicht mehr herauskommen.

◄ links / Prunkbau im Barock- und Rokokostil: Neues Palais ▲ oben / Havel/Werder

Am Wasser entlang

Wir verlassen die Insel und radeln weiter gen Süden auf einem Teil des Havelradwegs raus aus Werder. Am Kreisverkehr trifft die Route auf den Eurovelo 7 und diesem folgen wir über die Baumgartenbrücke, von wo aus wir einen schönen Blick über das Wasser der Havel und auf den Schwielowsee haben. Von Geltow aus geht es am Uferweg entlang bis auf die Insel Wentorf, wo wir kurz nach dem Bahnhof Geltow-Caputh an der 10 / Fähre Caputh (ganzjähriger Betrieb, Einzelfahrt mit Fahrrad 1€, Weinbergstraße 2, 14548 Schwielowsee, faehre-caputh.de) halten. Juhu, endlich auch mal aufs Wasser, statt nur daran vorbeizuradeln – und wenn es nur knapp 100 m sind.

ZUR BAUMBLÜTE

Eines der größten Volksfeste Deutschlands findet in Werder statt: das 8 / Baumblütenfest. Unbedingt vor der Tour den Kalender prüfen und Termine checken!

Ein Schloss geht noch

Das 11 / Schloss Caputh (Straße der Einheit 2, 14548 Schwielowsee OT Caputh) ist der letzte barocke Prunkbau unserer Tour und das älteste erhaltene Lustschloss aus der Zeit des Großen Kurfürsten Friedrich Wilhelms. Zusammen mit dem hübschen Landschaftsgarten nach einem Plan von Peter Joseph Lenné ist es ein sehenswertes Ensemble direkt am Havelufer. Zum Ausklang unserer architektonischen Reise folgen

KM 27

Direkt gegenüber vom 12 / Forsthaus Templin liegt das Strandbad Templin, das sich als Waldbad malerisch zwischen Bäumen am Ufer des Templiner Sees erstreckt. Es bietet neben einer Wasserrutsche zahlreiche Wassersportangebote – toll für die ganze Familie und perfekt für einen erfrischenden Tourabschluss im Sommer!

wir nun dem straßenbegleitenden Radweg der Templiner Straße. Dieser führt malerisch durch den Wald zurück nach Potsdam und lässt uns immer wieder einen Blick aufs Wasser erhaschen und ab und zu über die Bohlen von Holzbrücken fahren.

Bierstopp?

Einen Stopp können wir nun noch beim 12 / Forsthaus Templin (Do–So 11–21 Uhr, Templiner Str. 102, 14473 Potsdam, www. braumanufaktur.de) einlegen, einer Braumanufaktur, die leckeres Bio-Bier herstellt und dazu deftige Küche serviert. Wer jetzt nichts trinken mag, nimmt sich einfach ein Fläschchen für zu Hause mit. Von hier aus sind es nur noch knapp 5 km und ein Anstieg bis wir wieder am 1 / Potsdamer Hauptbahnhof eintreffen.

TOUKENINFO / Größtenteils flache Tour auf primär asphaltierten Wegen, etwas Kopfsteinpflaster, Fahrradschloss und Badesachen mitnehmen! Vor der Tour den Veranstaltungskalender der Region checken für saisonale Feste in Werder! Eine Tasche, um regionale Produkte mitzunehmen, ist empfehlenswert.

◄ links / Fähre Caputh ∧ oben / Schlosspark Caputh

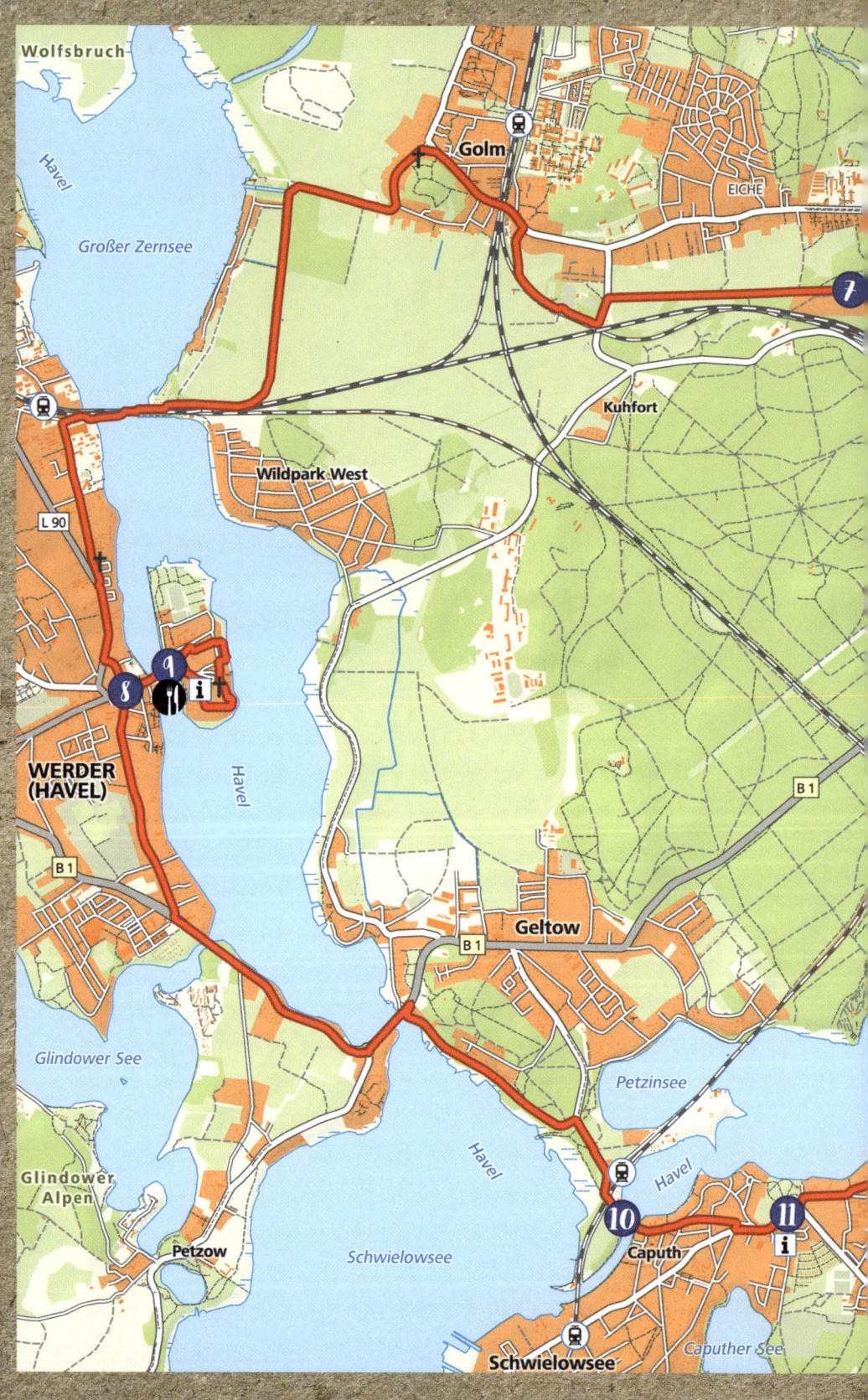

B 273

Neuer Garten

Jungfernsee

NAUENER VORSTADT

BORNSTEDT

BERLINER VORSTADT

Heiliger See

B 273

5

JÄGERVORSTADT

B 1

Tiefer See

Park Sanssouci

6

4

POTSDAM

NÖRDLICHE INNENSTADT

B 1; L 40

BRANDENBURGER-VORSTADT

3 i i

2

Alte Fährt

Auf dem Kiewitt

1

SÜDLICHE INNENSTADT

B 1

Nuthe

S

POTSDAM WEST

P

START-ZIEL

B 2

TELTOWER VORSTADT

L 40

HERMANNSWERDER

Nuthe

B 1

TEMPLINER VORSTADT

L 78

SCHLAATZ

Templiner See

B 2

START I ZIEL

Potsdam Hauptbahnhof in der Potsdamer Innenstadt

HINKOMMEN

Auto / Potsdam Hbf., Friedrich-Engels-Straße 98, 14473 Potsdam, mehrere Parkhäuser

ÖPNV / Aus Berlin mit der S7 bis Endstation Potsdam Hbf., mit verschiedenen Regionalzügen (RE 1, RB 22 und weitere)

➤ 1 / Potsdam Hauptbahnhof
➤ 2 / Alter Markt **➤ 3** / Garnisonkirche **➤ 4** / Brandenburger Tor **➤ 5** / Schloss Sanssouci **➤ 6** / Neues Palais
➤ 7 / Lindenallee **➤ 8** / Baumblütenfest Werder **➤ 9** / Altstadtinsel Werder **➤ 10** / Fähre Caputh **➤ 11** / Schloss Caputh
➤ 12 / Forsthaus Templin

12

L 78

FELDSTADT II

B 2

2 km

LITERATOUR

Ich schätze den Mix aus Natur und historischen Orten. Literaturliebhabende und Naturfreunde kommen bei dieser Tour gleichermaßen auf ihre Kosten.

➤ **1 /** Wir starten am Westbahnhof in der Fontanestadt Neuruppin

➤ **2 /** Oase mitten in der Stadt: der grüne Tempelgarten

➤ **3 /** Das Theodor-Fontane-Denkmal ehrt den berühmten Schriftsteller

➤ **4 /** Im Sommer lädt der Ruppiner See zur erfrischenden Abkühlung ein

➤ **5 /** Die perfekte Festival-Kulisse am Wasser bietet Schloss Wustrau

➤ **6 /** Über das denkmalgeschützte Ensemble der Klappbrücke Altfriesack

➤ **7 /** Romantischer Pausenort mit Geschichte: das Hofcafé Alte Lebkuchenfabrik

➤ **8 /** Etwa 50 denkmalgeschützte Scheunen stehen im Scheunenviertel Kremmen

➤ **9 /** Die Bockwindmühle Vehlefanz wurde bereits 1815 errichtet

➤ **10 /** Der Rundweg um den Mühlensee Vehlefanz verzaubert

➤ **11 /** Schloss Oranienburg war ein Geschenk an die Kurfürstin Luise

➤ **12 /** Unsere Tour endet am Bahnhof Oranienburg

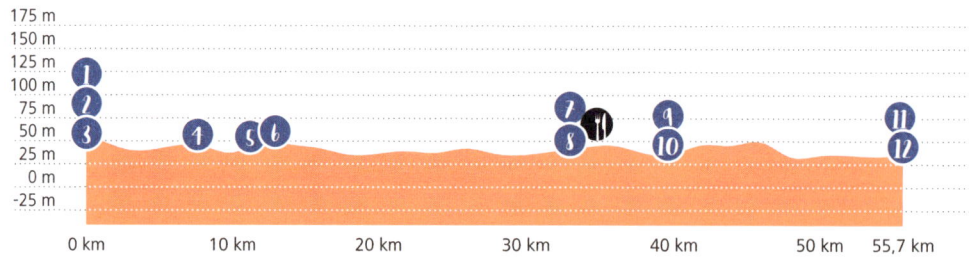

IM NEURUPPINER LAND

Auf **Fontanes Spuren** *durch*
die **Mark Brandenburg**

**Der Realismus-Schriftsteller Theodor Fonta-
ne und seine Texte über die Mark Brandenburg und dessen Wanderungen sind Inspiration für unsere LiteraTour durchs schöne
Ruppiner Land und die Ostprignitz.**

Los geht es im Geburtsort Fontanes
Wir starten am Westbahnhof der Fontanestadt
1 / Neuruppin. Für Literaturliebhabende lohnt es
sich, vor dem Besuch Neuruppins einen Blick auf das
Programm der Fontane-Festspiele (fontane-fest-
spiele.com) zu werfen, denn von Mai bis November
finden hier über die Monate verteilt verschiedene
literarische Events statt.

56 Kilometer
10 Höhenmeter
4:30 Stunden
Streckentour

Der Alte Fritz & ein Garten
Auf unserem Weg durch die
Stadt halten wir bereits nach
wenigen hundert Metern an
einer roten Mauer an. Neu-
gierig steigen wir ab. Neu-

CHARAKTER
Sportlich ●●○○○
Abkühlung ●●●○○
Schlemmen ●●●○○
Panorama ●●●●○

ruppin war ein wichtiger Ort für den Kronprinzen,
der später als Friedrich der Große berühmt wurde.
Er war im 18. Jahrhundert für die Erschaffung des
wunderschönen 2 / Tempelgartens (April–Okt. tgl.
9–20, Nov.–März 9–17 Uhr, tempelgarten.de) mit
orientalischen Elementen verantwortlich, der sich
nun vor uns erstreckt. Ein toller Ort zum Verweilen.

◂ links / Theodor-Fontane-Denkmal in Neuruppin

Auf den Spuren Fontanes

Über etwas Kopfsteinpflaster gelangen wir anschließend zum bronzenen 3 / Theodor-Fontane-Denkmal. Es steht in einem kleinen Park und zeigt den berühmten Sohn Neuruppins, auf einem Podest unter Bäumen sitzend. Auf den Spuren Fontanes begeben wir uns nun auf Routenabschnitt 3 des Fontane-Radweges, der auf verschiedenen Tagestouren zum Entdecken Brandenburgs einlädt. Unser Weg führt uns von Neuruppin südlich entlang des 4 / Ruppiner Sees und Rhins. Ein herrlicher Radweg auf einer Allee mit großen schattenspendenden Bäumen lässt Radfahrende abseits des Verkehrs zwischen den Feldern entlangradeln. Immer wieder blitzt das kühle Nass links zwischen den ufersäumenden Bäumen hervor. Auf Höhe des Knotenpunkts 4 lockt im Sommer nach ca. 8 km eine kleine Badestelle mit Erfrischung.

VON BERÜHMTHEIT ZU BERÜHMTHEIT

Das imposante 3 / Denkmal des Schriftstellers Theodor Fontane in Neuruppin wurde vom bedeutenden Bildhauer Max Wiese geschaffen.

Historische Stadtkerne

Der Allee weiter folgend gelangen wir nach Wustrau-Altfriesack, wo am Rittergut 5 / Schloss Wustrau des berühmten Generals von Zieten jährlich im Sommer zum Seefestival (Juli–August, seefestival.com) eingeladen wird. Die Route führt direkt durch die Ortsmitte von Wustrau und ein Beobachten der Umgebung wird hier mit dem Sichten so mancher Highlights wie des alten Eiskellers, des hübschen Cafés Constance oder der barocken Dorfkirche belohnt. Bevor wir weiterrollen, können wir uns nun entscheiden, welche Route wir nehmen.

Abstecher nach Süden ins Moorgebiet

Ab Wustrau können wir am Knotenpunkt 25 statt unserer Strecke nach Osten auch dem Fontane-Radweg 4 weiter nach Süden bis Hakenberg folgen. Östlich liegt der Obere Rhinluch, eines der

➤ rechts oben und Mitte / Tempelgarten Neuruppin

KM 1

Im 2 / Tempelgarten Neuruppin
lässt sich herrlich die Zeit vergessen, im Schatten der Bäume
wandeln und die vielen Details an
Statuen, Bauwerken und Pflanzenwelt bewundern. Es gibt hier ein
atmosphärisches Restaurant und
Veranstaltungen laden regelmäßig
zum Besuch ein.

ABSTECHER INS NIEDER-MOOR

Niedermoorgebiete, die die Region prägen und vielen Vögeln, Insekten und Pflanzenarten ein Zuhause bieten. Ein Highlight ist das Dorf Linum, das als Storchendorf bekannt ist und an den südlichen Ausläufern des Luchs liegt. Von Linum gelangt man über die Landstraße weiter nach Kremmen und zurück auf unsere Ursprungsroute. Die alternative Strecke verlängert die Tour um etwa 6 km.

Von einer Klappbrücke und Waldwegen

Auf unserer aktuellen Route folgen wir dem asphaltierten Radweg an der Landstraße und gelangen von Wustrau in den Ortsteil Altfriesack, wo eine sehenswerte 6 / Klappbrücke über den Rhin zusammen mit der nebenstehenden Schleuse ein denkmalgeschütztes Ensemble bildet. Die Route verlässt den Ort und führt durch den angenehm schattigen Wald, bis sie auf die Bahngleise der Zugverbindung zwischen Neuruppin und Oranienburg trifft. Wir lassen den Bahnhof Wustrau-Radensleben links liegen und fahren nach rechts parallel zu den Gleisen. Der folgende gut zu fahrende, aber unbefestigte Waldweg kann besonders an trocke-

nen Tagen etwas sandig sein. Nach knapp 2 km verlassen wir den Wald und rollen nun gemütlich auf einer wenig befahrenen Allee zwischen den Feldern entlang. Wir erreichen das kleine Dorf Wall. Am Golfplatz vorbei geht es nun auf Asphalt weiter bis nach Beetz-Sommerfeld. Mehrere Radrouten überschneiden sich auf diesem Routenabschnitt: der Rhinluch-Radweg, die Historische Stadtkern-Route und der Ruppiner-Seen-Kultur-Radweg.

Pausenzeit in romantischen Höfen

Sommerfeld ist ein guter Ort für eine Pause zur Hälfte der Tour. Dafür bietet sich das hübsche Blumen und Café HofKultur an, das Donnerstag bis Sonntag geöffnet hat. Wer noch warten kann, sollte die knapp 6 km bis Kremmen auf sich nehmen. Die über 700 Jahre alte Ackerbürgerstadt lockt mit einem ganz außergewöhnlichen Ort für ein Pause. Im 7 / Café Alte Lebkuchenfabrik (Do–Fr 11–18, Sa–So 9:30–20 Uhr, Berliner Str. 4, 16766 Kremmen, lebkuchenfabrik.com) sitzen wir im Sommer auf verschnörkelten Möbeln auf dem Hinterhof der Lebkuchenfabrik. Hier lässt es sich nicht nur lecker Kuchen – wie hausgemachten Lebkuchen – und frische Speisen schlemmen, eine Pension ist außerdem angegliedert und lädt zum längeren Verweilen in der Region ein.

1787

In diesem Jahr ist die 6 / Klappbrücke Altfriesack als Holzbrücke über den Rhinkanal entstanden. Etwa 140 Jahre später wurde sie durch eine Stahlkonstruktion ersetzt, die noch heute – nach kompletter Sanierung in den 1990ern – vorhanden ist.

◄ links / Klappbrücke Altfriesack ▲ oben / Café Alte Lebkuchenfabrik

Historische Scheunen

Frisch gestärkt holpern wir über ein paar Meter Kopfsteinpflaster, biegen nach rechts auf den Kurzen Damm ab und befinden uns schon im historischen 8 / Scheunenviertel. Das denkmalgeschützte Ensemble aus ca. 50 Gebäuden zählt zu den größten noch erhaltenen Deutschlands. Neben kleinen Läden, Cafés und Theater haben sich hier verschiedene Gewerke eingemietet. Kremmen verlassen wir der Historischen Stadtkern-Route folgend über den Radweg entlang der Kremmener Chaussee bis nach Schwante, wo wir rechts einen Abstecher zum Schloss Schwante mit Skulpturenpark und Hofladen machen können. Danach geht es wieder weiter auf der Dorfstraße bis zur denkmalgeschützten 9 / Bockwindmühle Vehlefanz. Hier radeln wir nach rechts auf den herrlichen Weg um den 10 / Mühlensee Vehlefanz. Dieser führt abschnittsweise über eine Brücke parallel zum schilfbewachsenen Ufer und es gibt einige Sitzgelegenheiten. Ein Absteigen und Schieben der Räder ist nicht nur aus Platz-, sondern auch Genussgründen empfehlenswert. Die Route führt dann nach Osten auf eine wenig befahrene Nebenstraße bis wir wieder auf den Radweg an der Vehlefanzer Straße treffen.

SCHLOSS ORANIENBURG

Das älteste Barockschloss der Mark aus dem 17. Jahrhundert war ein Geschenk an dessen Namensgeberin: Kurfürstin Luise Henriette von Oranien.

KM 14

Die alternative Straßenroute ab Altfriesack, die den Naturboden des Waldweges vermeidet und der L164 bis Radensleben folgt, ist 5 km länger. Am Knotenpunkt 7 biegt man rechts auf den Ruppiner-Seen-Kultur-Radweg ab. Diese Variante ist komplett asphaltiert.

Oranienburger Pracht

Nun ist es nicht mehr weit bis nach Oranienburg, wo wir noch ein Stück am wunderschönen Oranienburger Kanal entlang radeln. Zum Abschluss der Tour erinnern wir uns erneut an Fontane, dem die Geschichte um das nun vor uns auftauchende 11 / Schloss Oranienburg (April–Okt. Di–So 10–17:30 Uhr, 6€/5€, Schloßplatz 1, 16515 Oranienburg, spsg.de) sehr gefiel. Im großen Schlosspark finden regelmäßig Veranstaltungen statt. Die letzten Meter der Route bringen uns über Nebenstraßen bis zum 12 / Bahnhof Oranienburg, wo regelmäßig Regionalzüge ins Umland und auch die S-Bahn nach Berlin abfahren.

TOUREN INFO / Viele asphaltierte Radwege mit ein paar wenigen, kurzen Kofpsteinpflasterabschnitten. Flache Tour ohne Steigungen mit einer naturbelassenen Wald-Passage, die umfahren werden kann. Badesachen sind im Sommer lohnenswert. Unbedingt die Eventkalender der POI checken!

‹ links / Historische Bockwindmühle Vehlefanz mit Mühlenmuseum
∧ oben / Brücke parallel zum schilfbewachsenen Ufer des Mühlensees Vehlefanz

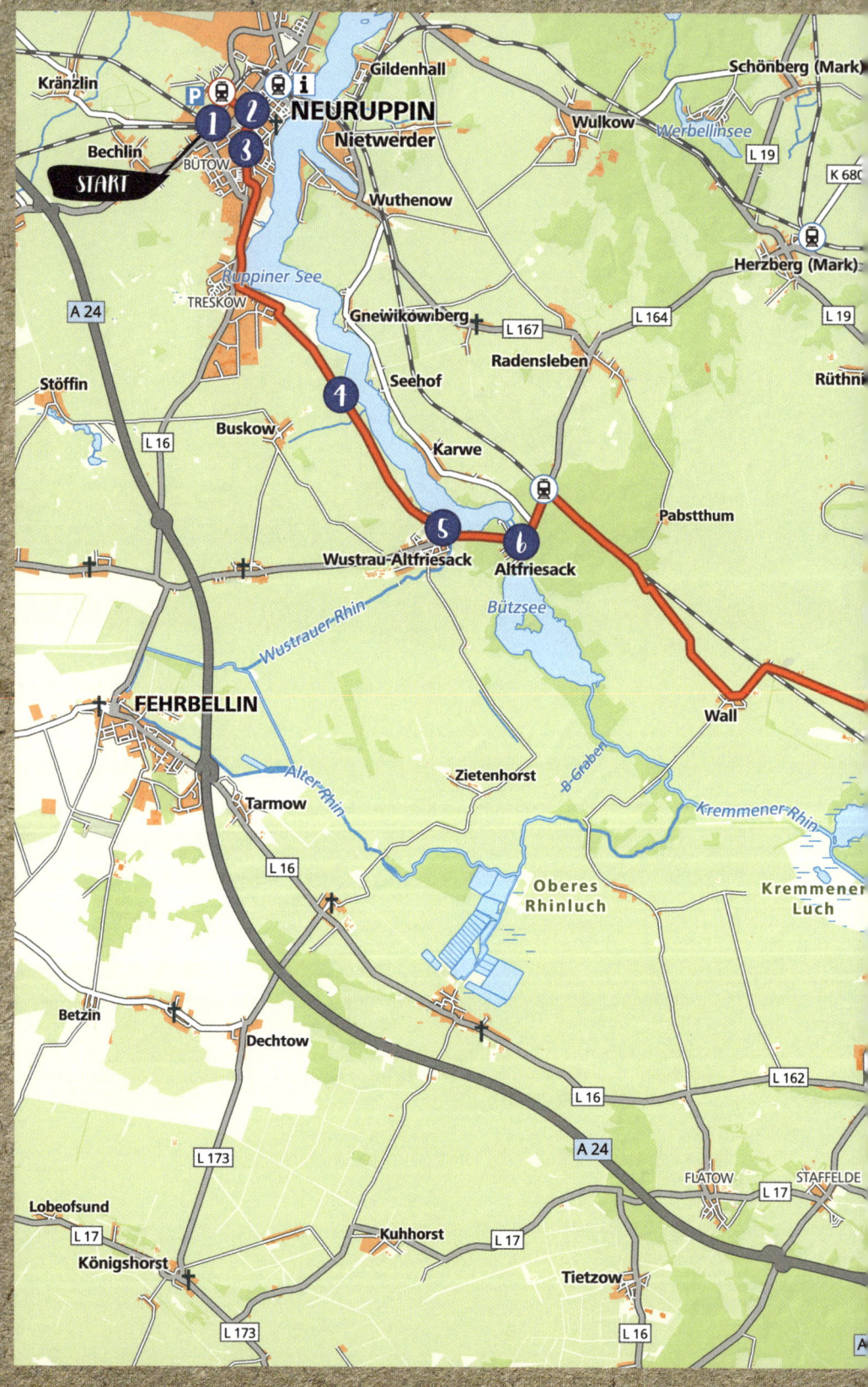

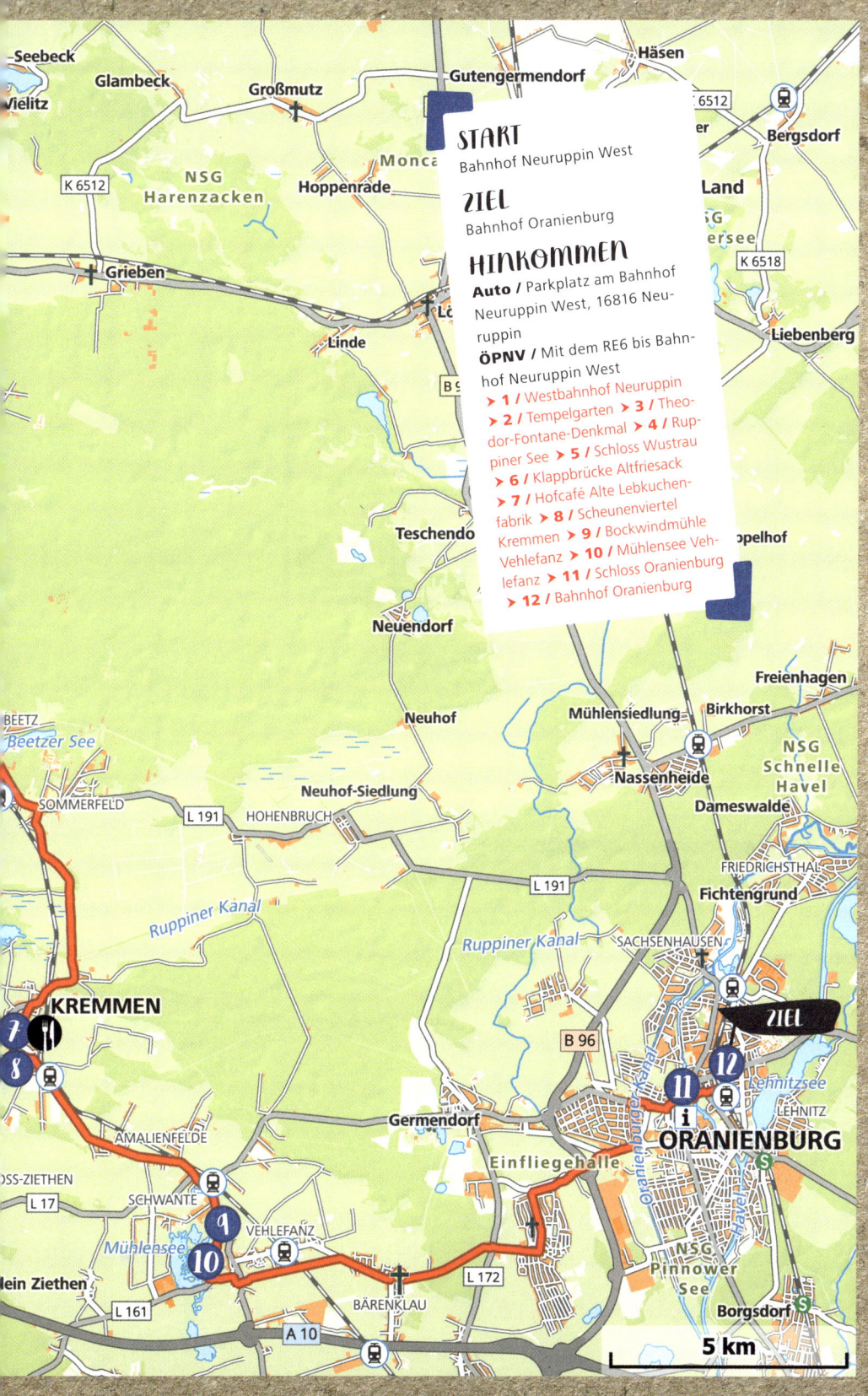

START
Bahnhof Neuruppin West

ZIEL
Bahnhof Oranienburg

HINKOMMEN

Auto / Parkplatz am Bahnhof Neuruppin West, 16816 Neuruppin

ÖPNV / Mit dem RE6 bis Bahnhof Neuruppin West

➤ **1 /** Westbahnhof Neuruppin
➤ **2 /** Tempelgarten ➤ **3 /** Theodor-Fontane-Denkmal ➤ **4 /** Ruppiner See ➤ **5 /** Schloss Wustrau
➤ **6 /** Klappbrücke Altfriesack
➤ **7 /** Hofcafé Alte Lebkuchenfabrik ➤ **8 /** Scheunenviertel Kremmen ➤ **9 /** Bockwindmühle Vehlefanz ➤ **10 /** Mühlensee Vehlefanz ➤ **11 /** Schloss Oranienburg
➤ **12 /** Bahnhof Oranienburg

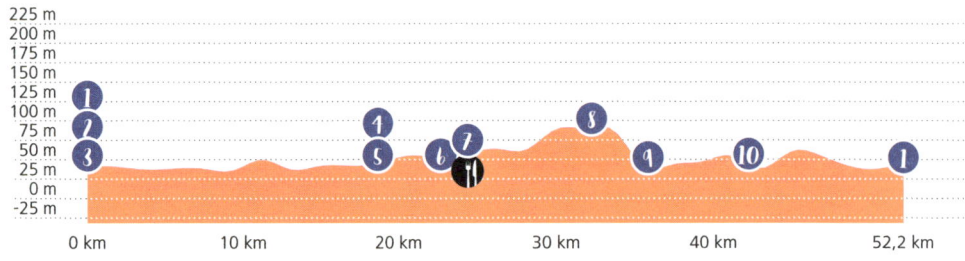

NATUR UND BETON

Ich empfehle die Tour für Naturliebhabende und Historienfans, denn
sie führt auf grünen Wegen durch
die lebhafte militärische Vergangenheit der Region.

➤ 1 / Aufbruch und Abschluss im Süden von Berlin am Bahnhof Königs Wusterhausen

➤ 2 / Am Schlosspark von Schloss Königs Wusterhausen

➤ 3 / Entlang des ältesten schiffbaren Wasserweges am Nottekanal

➤ 4 / Die Bücherstadt Wünsdorf-Waldstadt ist nach walisischem Vorbild entstanden

➤ 5 / Eine Reise in die militärische Vergangenheit bei einer Bunkeranlagen-Tour

➤ 6 / Auf eine Stärkung ins Café Lötz

➤ 7 / Durch die „Verbotene Stadt" am Haus der Offiziere vorbei

➤ 8 / Der Radweg nach Kallinchen lässt die Beine arbeiten und die Lungen durchatmen

➤ 9 / Auf eine Erfrischung ins Strandbad Motzener See

➤ 10 / Auf den Spuren der Jagdgesellschaften des 18. Jh. entlang des Hofjagdwegs

IN DIE VERGANGENHEIT

Von *Königs Wusterhausen* in die
Militärhistorie Brandenburgs

Diese abwechslungsreiche Radtour führt uns durch Stadt und Land vorbei an Wasser und Feldern, lässt uns auf den Spuren deutscher Vergangenheit radeln und nimmt uns auf wechselnden Untergründen mit durch eine hügelige Waldlandschaft zwischen gesprengten Bunkern und zurückgewonnener Natur – eine Reise durch die Zeit, die du so noch nicht gemacht hast!

52 Kilometer
100 Höhenmeter
4 Stunden
Rundtour

Aufbruch in KW

Wir beginnen städtisch am gut angebunden 1 / Bahnhof Königs Wusterhausen, oder kurz KW, wie der Berliner sagt, im Süden von Berlin. Hier kommt man perfekt mit den Öffentlichen hin, ob mit S-Bahn aus Berlin oder Regionalzug. Unser erstes Tourenhighlight liegt dann auch nur wenige hundert Meter vom Bahnhof entfernt.

CHARAKTER
Sportlich ●●●●○
Abkühlung ●●○○○
Schlemmen ●●○○○
Panorama ●●●○○

Nachdem wir rechts bis zum Kreisverkehr gefahren sind, radeln wir nach links und direkt darauf zu. Dabei kreuzen wir den Nottekanal das erste Mal. Der Wasserweg grenzt an den Schlosspark der ehemaligen Residenz des preußischen Soldatenkönigs Friedrich Wilhelm I.: Das kompakte 2 / Renaissance-Schloss Königs Wusterhausen (saisonal,

◄ links / Unterwegs am Radweg nach Kallinchen entlang militärischer Überbleibsel

6/5 €, Schloßplatz 1, 15711 Königs Wusterhausen, spsg.de) versetzt uns ins 16. Jahrhundert. Das Schloss liegt mit seinen Nebengebäuden im Westen des öffentlich zugänglichen Parks. Radfahren darf man dort nicht, aber einmal gemütlich hindurchschieben und dabei die sanierte Anlage von außen anschauen oder gegebenenfalls von innen besichtigen, ist natürlich entspannt möglich.

Entlang der alten Wasserstraße

Von dort aus geht es auf der Schloßstraße über die Kanalinsel und bis zur kleinen Königs Wusterhausener Schleuse, wo wir nach rechts auf den wunderschönen Rad- und Fußweg entlang des 3 / Nottekanals abbiegen. Büsche und teilweise hohe Bäume und Alleen säumen den Kanal und laden besonders im Herbst zu einem herrlich farbenfrohen Schauspiel ein. Der Untergrund variiert von Asphalt zu festen Schotter- und Naturböden und ist mit etwas Profil sehr gut fahrbar.

AM KANAL

Der 3 / Nottekanal ist insgesamt ca. 25 Kilometer lang und gilt als erste von Menschen schiffbar gemachte Wasserstraße der Mark Brandenburg.

Auf Radwegen durch die hügelige Landschaft

In Mittenwalde verlassen wir den Kanal an der Mittenwalder Schleuse, die zweite der drei Schleusen des Nottekanals. Es wird langsam etwas hügeliger und so bieten sich auf dem Radweg entlang der B 246 immer wieder schöne Ausblicke über die Felder und die gesamte Umgebung. In Telz rollen wir zunächst ordentlich bergab, dann treten wir kurz vor Zossen im Wald noch einmal kräftig in die Pedale, um den kurzen Anstieg in die Stadt hinein zu bewältigen. Puh, erstmal geschafft! Kurz nach dem denkmalgeschützten Wasserturm überqueren wir die Gerichtstraße und biegen nach links ins Scheunenviertel ein.

➤ rechts groß / Radweg nach Zossen ➤ rechts klein / Schloss Königs Wusterhausen

KM 1

Auf der Mühleninsel am Weidenufer
südlich vom 2 / Schloss Königs Wusterhausen befindet sich neben einem
Bootsverleih auch ein großartiger
Wasserspielplatz für die Kleinen –
ein toller Stopp für Familien.

Theoretisch könnten wir dem Notkanal bis Telz folgen, praktisch wird der Weg ab Mittenwalde sehr rau, weshalb der Radweg an der B 246 zu bevorzugen ist.

TOUR, DIE DU SO NIE GEMACHT HÄTTEST

Am Weinberg

Von nun an fahren wir auf der ruhigen Nebenstraße am ehemaligen Weinberg entlang. Das ruppige Kopfsteinpflaster macht dabei mehr als deutlich, wie alt die Straße schon ist. Es gibt aber immer wieder Möglichkeiten den unangenehmen Steinen an den Wegrändern zu entgehen und nach wenigen hundert Metern haben wir es dann auch geschafft und rollen über eine geteerte Straße nach Wünsdorf ein. Dort gibt es wahrlich einiges zu entdecken und wir bleiben immer wieder erstaunt stehen, um alles, was wir dort sehen, wirklich aufnehmen zu können.

Brandenburgs Buch-Mekka zwischen Bunkern

Wir befinden uns in der 4 / Bücherstadt Wünsdorf-Waldstadt. Bücherstadt? Vielleicht ist das nicht das erste, was einem hier in den Sinn kommt. Fakt ist aber, das Ende der 90er nach dem walisischen Vorbild der „Booktown" Wünsdorf zu Deutschlands einziger Bücherstadt wurde. Das zeigt sich noch heute durch die Anwesenheit von Antiquariaten bzw. Buchläden mit tausenden Büchern. Was

uns aber sicherlich zuallererst ins Auge sticht, wenn wir in den Ort hineinfahren, sind die hoch emporragenden Türme der Luftschutzhochbunker, die mal mitten auf einer Wiese schon halb eingewachsen, mal zentral in einem Wohngebiet wie Fremdkörper aus Beton aus dem Boden ragen. Diese Spitzbunker können neben den 5 / Bunkeranlagen (12 €, Haus Oskar, Zehrensdorfer Str. 12, 15806 Zossen, OT Wünsdorf, +49 (0) 33702 - 9600, buecherstadt.com) des ehemaligen Generalstabs- und Oberkommandos des Deutschen Heeres bei Bunkerführungen ganzjährig besucht werden.

Die „Verbotene Stadt"

Die Route folgt nun ein kurzes Stück der B 96, bis man rechts das 6 / Café Lötz (Di–So 9–19 Uhr, Berliner Allee 48, 15806 Zossen, OT Wünsdorf) erreicht. Dort lohnt ein Stopp, denn es gibt allerlei Leckereien und neben Torten auch herzhafte Snacks. Im Anschluss geht es weiter nach Süden und links in die Hauptallee. Nach dem Zweiten Weltkrieg ließen sich Sowjetische Truppen in der Waldstadt nieder und machten es zu einem Sperrgebiet für die deutsche Bevölkerung. Daher kommt auch der Beiname „Verbotene Stadt". Hinter Zäunen und zwischen Bäumen können wir die Bauwerke aus der Militärvergangenheit bestaunen, u. a. den imposanten Bau des 7 / Hauses der

BETON-ZIGARRE

7 der ehemals 19 Luftschutzbunker, auch Betonzigarre oder Winkelbunker gennant, sind noch erhalten und geben neben den umliegenden Groß- und Tiefbunkeranlagen einen beeindruckenden Einblick in die über 100-jährige Militärgeschichte von Wünsdorf-Waldstadt.

◀ links / Winkelbunker in Wünsdorf-Waldstadt ▲ oben / Bunkerführungen in der Bücherstadt

Offiziere (Hauptallee 117, 15806 Zossen, OT Wünsdorf), ein sehenswerter Lost Place, der auf Fototouren besichtigt werden kann.

In den dunklen Wald

Nach so viel Beton und Militärhistorie radeln wir nun ein Stück gen
Norden und wieder mehr in die Natur hinein. Der 8 / Radweg nach
Kallinchen ist am Anfang für etwa 3 km etwas fordernd,
da er über feste Schotterwege und berghoch führt. Dafür ist die Umgebung sehr schön und wir fahren durch
den abwechslungsreichen Wald zwischen Birken und Na-
delbäumen. Ab der Hälfte, auf Höhe eines überdachten
Rastplatzes, geht es auf einem schön in die Landschaft
eingebetteten Asphaltweg weiter. Rechts eine Art san-
diger Reitweg abgetrennt durch kleine Holzpfähle, links
der geteerte Radweg mit ein paar Wurzeln. Und am Ende werden
wir mit einem langen Stück bergab belohnt. Huuuuiii!

ABKÜRZUNG

An der Zehrensdorfer/Guten-
bergstraße lässt sich der Weg
am Waldstadion vorbei um
ca. 7 km kürzen. Man spart
dabei das Café und den Süden
der Verbotenen Stadt.

Erfrischung am See und entlang der Hofjagd

Schließlich erreichen wir Kallinchen und den wunderbar sauberen Motzener See. Im Sommer kann
man hier am 9 / Strandbad (Am
Strandbad, 15806 Zossen, OT
Kallinchen) eine erfrischen-

**TOUR,
DIE DU SO
NIE GEMACHT
HÄTTEST**

KM 32

Auf dem 8 / Radweg nach Kallinchen
entdecken wir immer wieder militärische Überbleibsel, wie gesprengte
Bunkeranlagen, am Wegesrand. Hier
gilt zu beachten, den Weg nicht zu
verlassen, wie auch die Warnhinwei-
se auf zahlreichen Schildern im Wald
verlauten lassen. In einem ehemaligen Militärgebiet nicht unüblich.

de Pause einlegen. Danach fahren wir über die ruhige Seestraße vorbei an Campingplatz und Wohnhäusern bis zur Motzener Straße, der wir bis zur Kreuzung Töpchiner Straße folgen. Von nun an geht es nach Norden, durch Motzen hindurch. Wir radeln entlang der Bestenseer Straße, bis wir auf den 10 / Hofjagdweg treffen. Der Name des Weges ist bezeichnend, denn die insgesamt knapp 68 km lange Route trägt uns wieder ein wenig in die Vergangenheit. Wir erleben auf rund 10 Kilometern einen Teil der Reise durch historische Orte der preußischen Hofjagdgesellschaften aus dem 18. und 19. Jahrhundert. Das bedeutet eine entspannte Fahrt auf asphaltierten Nebenstraßen, vorbei an Feldern und Seen. Über herrliche Radwege durch Wald und kleine Orte radeln wir zurück nach Königs Wusterhausen, stoßen dort erneut auf den Nottekanal und erreichen kurz darauf den 1 / Bahnhof.

TOURENINFO / Gemischte Wegqualität – von glattem Asphalt bis Schotter und etwas Sand ist alles dabei, leicht profilierte Reifen empfehlenswert, einige kleinere Steigungen. Bademöglichkeit in Kallinchen.

◂ links / Radweg nach Kallinchen   ▴ oben / Rastplatz am selben Radweg

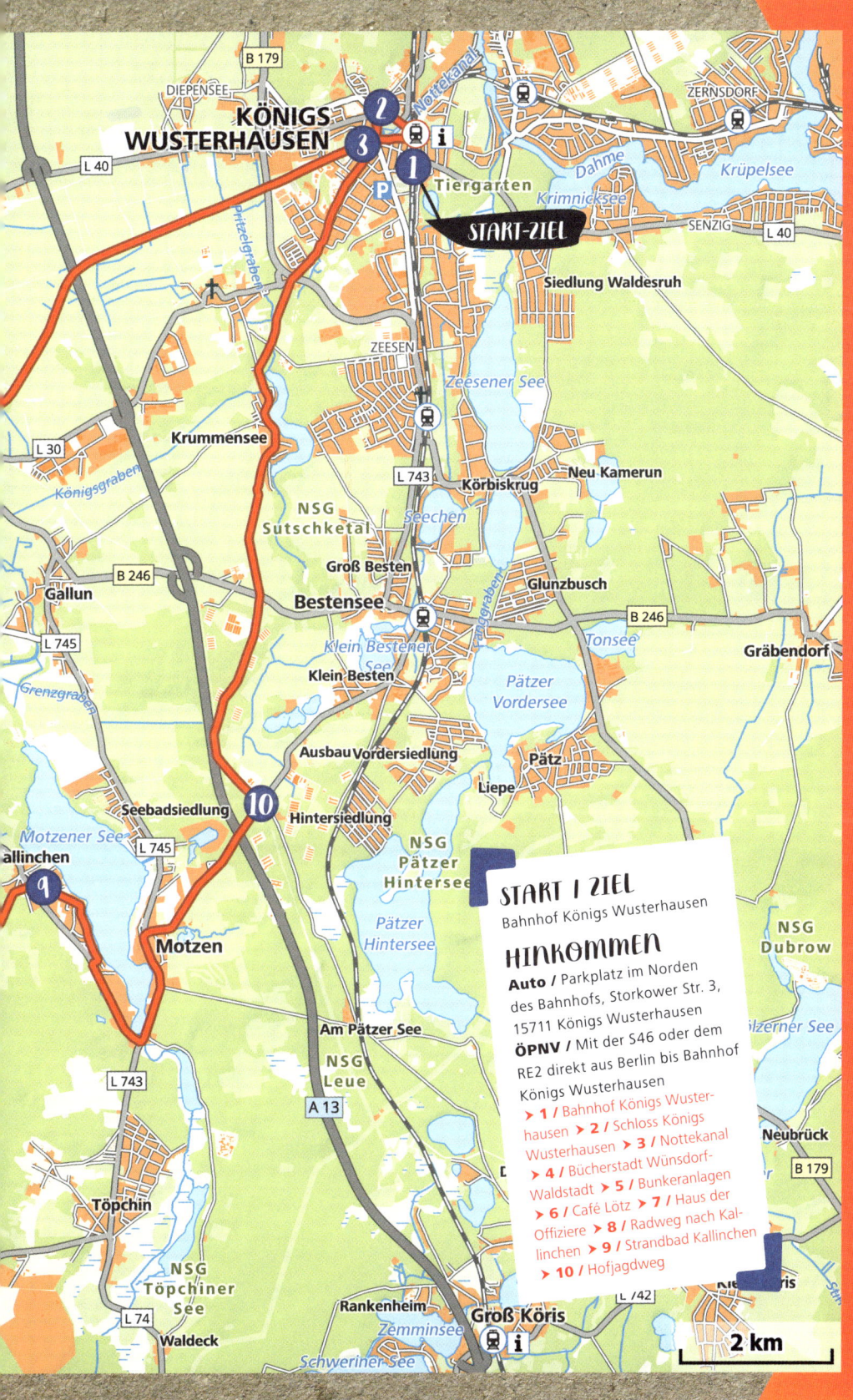

START | ZIEL

Bahnhof Königs Wusterhausen

HINKOMMEN

Auto / Parkplatz im Norden des Bahnhofs, Storkower Str. 3, 15711 Königs Wusterhausen

ÖPNV / Mit der S46 oder dem RE2 direkt aus Berlin bis Bahnhof Königs Wusterhausen

➤ **1** / Bahnhof Königs Wusterhausen ➤ **2** / Schloss Königs Wusterhausen ➤ **3** / Nottekanal ➤ **4** / Bücherstadt Wünsdorf-Waldstadt ➤ **5** / Bunkeranlagen ➤ **6** / Café Lötz ➤ **7** / Haus der Offiziere ➤ **8** / Radweg nach Kallinchen ➤ **9** / Strandbad Kallinchen ➤ **10** / Hofjagdweg

STADTNAHE ERHOLUNG

Auf einer Tagestour in Urlaubsstimmung kommen, wie hier auf
dem Weg zum Liepnitzsee auf
Tour 11

WOCHENEND-BIKEAWAYS

MINI-URLAUBS-TOUREN MIT ÜBERNACHTUNG

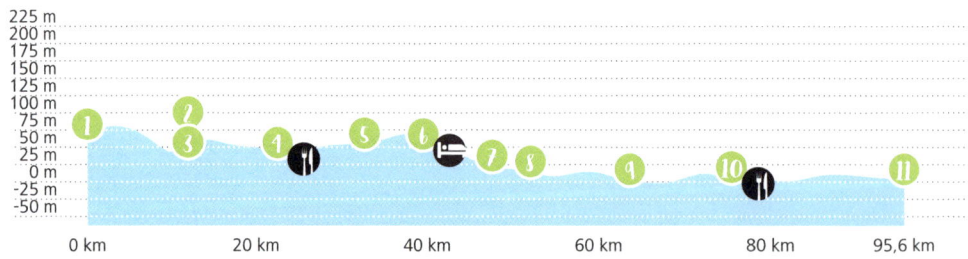

ABWECHSLUNGS-REICH

Diese Tour bietet mir das volle Programm Natur und Erlebnisse mit möglichst wenig Verkehr – inklusive viel Wasser und malerisch gelegener Radwege.

❯ 1 / Start und Ziel ist der Bahnhof Bernau in der geschichtsträchtigen Stadt

❯ 2 / Kaffeestopp am Schlossberg in der Bäckerei Franke in Biesenthal

❯ 3 / Die Wehrmühle ist eine architektonische Besonderheit

❯ 4 / Radlerpause im Schleusengraf, dem ältesten Amtsgebäude Deutschlands

❯ 5 / Einmal wie Rapunzel fühlen auf dem Askanierturm

❯ 6 / Zwischen Werbellinsee und Eberswalde übernachten wir

❯ 7 / Industriegeschichte und Freizeitspaß im Familiengarten Eberswalde

❯ 8 / Aufn Spritzkuchen zum Markt Eberswalde

❯ 9 / Industriekultur zwischen alt und neu am Schiffshebewerk Niederfinow

❯ 10 / Oder-Idylle am bergigen Oderberg

❯ 11 / In Bahnhof Bad Freienwalde haben wir das Ziel erreicht

IMMER DEM WASSER NACH

Zwischen **Natur** *und* **Industrie-** **geschichte** *durch den* **Barnim**

Auf dem Weg von Naturschutzgebiet zu Naturschutzgebiet entdecken wir den vielfältigen Naturpark Barnim und einen Teil der Schorfheide. Wasser spielt eine große Rolle, ob bei einer Fahrt durch romantische Fließtäler, entlang klarer Seen oder auf glattem Asphalt vorbei an Kanälen und auf Flussradwegen. Wir erleben auf dem Fahrrad Natur pur mit einer Prise Stadt und Industriekultur.

Tag 1 + Tag **2**
41 + **55** Kilometer
85 + **15** Höhenmeter
3 + **4:15** Stunden
Streckentour

TAG 1

Vor den Toren Berlins

Los geht es am 1 / Bahnhof Bernau, etwa 20 km von der Berliner Stadtgrenze entfernt. Dieser ist von Berlin aus mit der S-Bahn zu erreichen und zusätzlich mit Regionalzügen perfekt an die Großstadt angebunden. Der historische Stadtkern Bernaus ist noch heute zu einem Großteil von einer Stadtmauer umgeben. Und genau an dieser fahren wir entlang, wenn wir den Bahnhofsvorplatz am Knotenpunkt 61 nach links verlassen und der Route des Berlin-Usedom-Radwegs folgen. Diese wunderbare Radroute begleitet uns durch den Tag und führt uns durch die abwechslungsreichen Landstriche des Naturparks Barnim.

CHARAKTER
Sportlich ●●●○○
Abkühlung ●●●○○
Schlemmen ●●●●○
Panorama ●●●●●

◀ links / Am Treidelweg entlang des Finowkanals

Ungestört durchs Naturschutzgebiet

Durch das alte Mühlentor verlassen wir die Altstadt und radeln über den Radweg an der Ladeburger Chaussee nun beständig nach Norden. Bald haben wir Bernau und die geschäftige Straße verlassen und biegen nach links auf die asphaltierte Fahrradstraße ab. Zwischen Bäumen, Feldern und Windrädern geht es Richtung Lobetal. Von dort an fahren wir durch eine traumhafte Feuchtwiesen-, Moor- und Waldlandschaft, ungestört vom motorisierten Verkehr, durch das Naturschutzgebiet (NSG) Biesenthaler Becken. Die Fahrräder rollen auf dem nahezu perfekten, teils geteerten, teils mit festem Schotter gestalteten Radweg über sanfte Hügel.

HISTORISCHE MAUERN

Bernau wurde, wie Berlin, im 13. Jh. gegründet und verfügt über eine reizvolle Altstadt mit gut erhaltener Stadtmauer und Türmen aus dem 13./14.Jh.

Auf Kaffee, Kuchen und Rundumblick nach Biesenthal

Nach knapp 12 Kilometern erreichen wir Biesenthal und den Knotenpunkt 73, wo wir nach links auf die August-Bebel-Straße abbiegen. An der Straße liegt die 2 / Café zum Schloßberg – Bäckerei Franke (Mo–Fr 6 –16, Sa–So 7:30–16 Uhr, Breite Str. 10, 16359 Biesenthal), die für Radfahrende schon fast ein Pflichtstopp ist und mit allerlei frischen Back- und Konditorwaren zu einer Pause einlädt. Danach geht es frisch gestärkt nach rechts auf ein kurzes Stück Kopfsteinpflaster und leicht aufwärts den Schlossberg hoch. Von der ehemaligen Askanierburg aus dem 13. Jahrhundert ist nicht mehr allzu viel zu sehen, dafür gibt es auf der linken Straßenseite einen Aussichtsturm, den man von April bis Ende Oktober gratis besichtigen kann.

Filmkulisse im Finowtal

Wir können aber auch einfach weiter in die Pedale treten und dem Wehrmühlenweg bis zur namensgebenden 3 / Wehrmühle (Wehrmühlenweg 8, 16359 Biesenthal, biesenthal.org) folgen. Diese ist

➤ **rechts oben / Pause in der Bäckerei Franke Biesenthal** ➤ **rechts Mitte / Biesenthaler Becken**

KM 8

Die Radroute des Berlin-Usedom-Radwegs führt uns auch durchs NSG Biesenthaler Becken, wo es einige Rastmöglichkeiten für Radfahrende gibt. Am Rande der artenreichen Kulisse des Naturschutzgebietes liegen übrigens einige militärische Überbleibsel, wie der gesprengte Koralle-Bunker nordwestlich von Lobetal.

AN DER MÜHLE

Das ehemalige Verwaltungsgebäude der 3 / Wehrmühle diente seit der aufwändigen Sanierung schon als Filmkulisse, Kunstausstellungs- und Veranstaltungsort.

nach einem Brand allerdings nur noch als Ruine erkennbar. Das geschichtsträchtige Gebäude nebendran wiederum wurde aufwändig wiederaufgebaut. Es zeigt heute einen reizvollen Mix aus historischer Stuckfassade und modernem Neubau auf der Rückseite. Wir rollen daran vorbei und nach links weiter.

BESUCH BEI DEN MOPSFLEDERMÄUSEN IM NSG

Auf 'ne Pause im NSG

Dabei passieren wir auch die Schutzhütte Pohlitzbrück, wo man herrlich in der wilden, von Bruchwäldern und Feuchtgebieten durchzogenen Natur pausieren kann. Kurz danach, an der Auffahrt zur Brücke über die A 11, wartet ein kurzes Stück fieses Kopfsteinpflaster auf uns, das wir aber weitestgehend an den Wegrändern umfahren können. Der Weg verläuft ab da zweigeteilt durch den Wald, auf der einen Seite altes Pflaster, auf der anderen ein asphaltierter Radweg. Da muss man nicht lange überlegen, wo es sich am angenehmsten fährt. Am Knotenpunkt 95 biegen wir nach links und genießen nun die wildromantische Landschaft des NSG Finowtal-Pregnitzfließ mit ihren charakteristischen Feuchtwäldern und -wiesen.

Radlerpause im ältesten Amtsgebäude Deutschlands

Nach ca. 22 km erreichen wir die Schleuse Grafenbrück, eine der 12 historischen Schleusen im Finowkanal. Direkt davor liegt das Ausflugslokal 4 / Schleusengraf (Grafenbrücker Weg 4, 16348 Marienwerder), das mit der Lage am Fernradweg ideale Gegebenheiten für eine Pause bietet. Zahlreiche Fahrradständer und ein großer Garten laden neben dem liebevoll restaurierten, historischen Gebäude, das als ältestes Amtsgebäude des Landes gilt, zum Verweilen ein.

Wegscheide am Knotenpunkt

Nach der kleinen Rast radeln wir über den Finowkanal weiter nach Norden, an Marienwerder vorbei bis zum Oder-Havel-Kanal. Zur Überquerung der Bundesstraße 167 gibt es rechts eine Überfahrtmöglichkeit auf den Radweg. Wir fahren auf der anderen Straßenseite links weiter und biegen kurz darauf nach rechts in den Wald hinein ab. Glatter Asphalt erwartet uns dort auf dem Weg entlang des Werbellinkanals bis zum Knotenpunkt 80 bei Rosenbeck, wo schon die nächste Schleuse liegt. Das idyllische Örtchen am Rosenbecker See lässt sofort entspannte Urlaubsstimmung aufkommen.

400

Kurz nach dem 4 / Schleusengraf treffen wir erstmalig auf den Finowkanal, dem wir im Laufe der Tour erneut begegnen und dem Radweg entlang folgen werden. Er ist mit seinen über 400 Jahren der älteste noch schiffbare künstliche Kanal Deutschlands.

◄ links / Wehrmühle ▲ oben / Am Finowkanal

Ein märchenhafter Turm am glasklaren See

Auf der Route entlang des Werbellinkanals gelangen wir nun nach Eichhorst, wo es wieder einige Pausengelegenheiten gibt – ob mit frischem Fisch im Biergarten oder Eis aus der kleinen Eisdiele bei der Eichhorster Schleuse. Kurz darauf erreichen wir die hölzerne Brücke am 5 / Askanierturm (0,50 €, Schlüssel beim Café Wildau, Wildau 1, 16244 Schorfheide). Den 12 m hohen Feldsteinbau, der an die ehemalige Askanierburg Werbellin erinnert, kann man gegen geringe Gebühr besteigen und sich ein wenig wie Rapunzel fühlen, während man die Aussicht genießt. Von dort hat man einen tollen Blick auf den Werbellinsee. Wem jetzt nach einer Abkühlung ist, der sollte sich die Gelegenheit in das klare, saubere Wasser einzutauchen, nicht entgehen lassen. Dies kann man zum Beispiel am Badestrand beim Campingplatz Süßer Winkel, den wir auf der Route entlang des südlichen Seeufers passieren.

TIEFES WASSER

Der Werbellinsee ist einer der unglaublich klaren, sauberen Badeseen im Norden Brandenburgs. Mit 60 Metern Tiefe ist er auch der zweittiefste See der Mark.

▲ oben / Eichhorster Schleuse ➤ rechts / Werbellinsee mit Askanierturm

Etappenstopp südlich des Werbellinsees

Auf dem weichen Waldweg, wo wir auf Wurzeln achten müssen, radeln wir weiter bis nach Altenhof zum Knotenpunkt 41. Ab da geht es nach Süden über den Radweg entlang der Straße, bis wir am Knotenpunkt 91 wieder auf den Finowkanal treffen. Die 6 / Gegend zwischen Werbellinsee und Eberswalde bietet sich übrigens hervorragend für den Etappenstopp an. Neben Campingplatz und Pensionen gibt es hier auch einige schöne Hotels und so sollte für verschiedenste Ansprüche ein passender Übernachtungsort dabei sein.

TAG 2
Die Landesgartenschau für die ganze Familie

Je nachdem, wo wir übernachten, startet unser zweiter Tag hier oder vielleicht erst nach Wegpunkt 10 in Eberswalde. Am Finowkanal angekommen, sehen wir auf der Südseite des Kanals ein großes Gelände, dessen Besuch definitiv lohnt, aber etwas Zeit in Anspruch nimmt. Der 7 / Familiengarten Eberswalde (April–Nov. 10–18 Uhr, 4/2 €, Am Alten Walzwerk 1, 16227 Eberswalde, familiengarten-eberswalde.de) wurde 2002 zur 2. Brandenburgischen Landesgartenschau eröffnet. In einer Kombination aus kunstvollen Gartenanlagen, Industriearchitektur und Märchen-

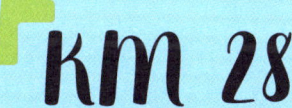

KM 28

Am Knotenpunkt 80 (s. S. 183) können wir uns entscheiden, ob wir direkt nach Norden auf dem Berlin-Usedom-Radweg weiterfahren oder die Route Richtung Nordwesten um die ½ Tour erweitern, die uns in die Schorfheide und zum äußerst sehenswerten Wildpark führen wird. Mehr dazu im Kapitel der ½ Tour (s. S. 190).

FÜR E-BIKER INTERESSANT

Am 7 / Familiengarten und hinter dem Eberswalder Museum an der Breiten Straße befinden sich E-Bike-Ladestationen mit Akku-Schließfächern.

spiellandschaft gibt es dort auf 17 Hektar Fläche allerlei Freizeit- und Erholungsmöglichkeiten für die ganze Familie.

Auf dem Treidelweg

Anschließend folgen wir für viele Kilometer dem Finowkanal auf dem historischen Treidelweg, der Teil des Oder-Havel-Radweg ist. Der Untergrund variiert bis Eberswalde, ist aber größtenteils asphaltiert und gut fahrbar. Wenn wir unter der steinernen Eisenbahnbrücke nördlich des Eberswalder Hauptbahnhofs hindurchfahren, haben wir den zentralen Teil der Kreisstadt Eberswalde erreicht. Der malerische Weg am Finowkanal bietet vermehrt Ausblicke auf Wohnhäuser, aber auch viel Grün und kleine Brücken. Immer wieder laden Bänke und breite Stege am Wasser zu einer Pause ein. Am Wochenende fahren wir etwas gemächlicher, weil mehr los ist.

ZU DEN EBERSWALDER SPRITZKUCHEN

Spritzkuchen am Markt

An der Breiten Straße führt eine Brücke über den Kanal, die wir nutzen können, wenn wir noch einen Abstecher ins Zentrum und

zum 8 / Marktplatz Eberswalde (Am Markt, 16225 Eberswalde) machen möchten. Dort gibt es neben einigen Läden auch einen Sitz der Bäckerei Wiese im Caféhaus Gustav, wo die originalen Eberswalder Spritzkuchen verkauft werden – ein fluffiger Brandteigring mit Zuckerguss, den man definitiv probiert haben sollte.

Immer am Kanal entlang

An der Stadtschleuse am Knotenpunkt 86 geht es dann weiter entlang des Finowkanals. Der Weg wird nun langsam weniger stark frequentiert, man trifft ab und zu andere Radfahrende und kann ansonsten nach Verlassen der Stadt die Natur am Wegesrand ungestört genießen. Ab der Ragöser Schleuse führt der asphaltierte Weg angenehm schattig durch den Wald, bis wir uns plötzlich zwischen Feldern befinden und der Blick auf die sanften Hügel der Region frei wird. Schön. Und sehr entschleunigend.

Lebendige Industriegeschichte

Wir erreichen Niederfinow und nähern uns, der Hebewerkstraße folgend, einem ganz besonderen Highlight. Die Straße führt bis zum Oder-Havel-Kanal und dem atemberaubenden Stahlbau des 9 / Schiffshebewerks Niederfinow (Mo–Fr 9–16 Uhr, 3/2€ indivi-

INDUSTRIE-GESCHICHTE

Spannend auf dem Routenabschnitt am Finowkanal zwischen Finow und Eberswalde sind die Überbleibsel der regionalen Industriegeschichte in Form von Gebäuden, Schleusen und Denkmälern. Einen kleinen Einblick haben wir schon im Familiengarten bekommen.

‹ links / Am Treidelweg ⌃ oben / Marktplatz Eberswalde

KM 80

Das beeindruckende 9 / Schiffshebewerk Niederfinow wurde 1934
in Betrieb genommen und galt mit
36 Metern Hubhöhe als das größte
Hebewerk der Welt. Ab 2022 soll
das neu erbaute, nebenstehende
Schiffshebewerk seine Funktion aufnehmen und somit den modernen
Schiffen gerecht werden, die auf
dem Kanal verkehren.

duell, Sa.–So. 10–16 Uhr nur Führungen, 7/5 €, Hebewerkstraße 70A, 16248 Niederfinow, niederfinow.de/schiffshebewerk), das wir schon von Weitem emporragen sehen. Das Prachtexemplar der Ingenieurbaukunst hinterlässt definitiv Eindruck – und starre Nacken vom ehrfürchtig in die Höhe gucken.

An die Alte Oder

Die Route führt von nun an auf festen Schotter- und Sandwegen ungestört entlang des Oder-Havel-Kanals auf der Strecke der Tour Brandenburg. Wir machen einen kleinen Bogen nach Südosten durch das NSG Niederoderbruch, wo wir teilweise auf glattem, teilweise etwas brüchigem Asphalt fahren. In Bralitz biegen wir nach links ab und radeln durch den Ort an den Tongruben vorbei, bis wir das idyllische 10 / Oderberg an der Wriezener Alte Oder erreichen. Hier lässt sich gut eine Eispause machen und die Kulisse der doch recht bergigen Umgebung bestaunen. Nach weiteren 8 Kilometern gelangen wir an den Knotenpunkt 19 und den nächsten Fluss der Tour: die natürliche deutsch-polnische Grenze der Oder. Ab da fahren wir auf dem Oder-Neiße-Radweg nach Süden zum Grenzübergang Hohenwutzen. Jetzt ist es nicht mehr weit bis zu unserem Tourenziel. Es geht nach rechts bis in den Ort Schiffmühle und vorbei am Fontanehaus, wo der Vater des berühmten Schriftstellers lebte, auf dessen Spuren wir auf der LiteraTour in diesem Band unterwegs sind. Wir überqueren die Wriezener Alte Oder und rollen weiter nach Süden, bis wir über den straßenbegleitenden Radweg schließlich den 11 / Bahnhof Bad Freienwalde erreichen.

BERGE IN BRANDENBURG

Die Gegend um 10 / Oderberg zeigt ein auffälliges, eiszeitlich geprägtes Höhenprofil. Am besten sieht man das auf der Südseite der Wriezener Alten Oder.

TOURENINFO / Größtenteils auf asphaltierten Radwegen mit Schotter- und Waldwegabschnitten und leichten Steigungen, leichtes Reifenprofil empfohlen (Tourenrad), für Familien und E-Biker sehr gut geeignet. Badesachen und Mückenschutz nicht vergessen! E-Bike-Ladestationen am 7 / Familiengarten und bei der Touristeninfo Eberswalde hinter dem Eberswalder Museum.

‹ links oben und Mitte / **Schiffshebewerk Niederfinow**

INS BIOSPHÄREN-RESERVAT

Auf einen **Abstecher** *in die* **Schorfheide**

19 Kilometer
50 Höhenmeter
1:30 Stunden
Streckentour

Diese halbe Tour ist die perfekte Ergänzung zum Bikeaway durch den Barnim im Norden Brandenburgs und führt uns in das wunderschöne Biosphärenreservat Schorfheide. Dort beobachten wir im großen Wildpark heimische Tiere und radeln auf verschiedensten Wegen durch die typischen Brandenburger Wälder.

Jagd und Macht

Kurz nach dem Knotenpunkt 80 führt der asphaltierte Radweg nach links und idyllisch durch den brandenburgischen Nadelwald bis nach Groß Schönbeck. Dort biegen wir auf die Schloßstraße und befinden uns direkt am 12 / Renaissance-Jagdschloss Schönbeck aus dem 16. Jh. (Di–So 10–12.30, 13–16 Uhr, 7/1,50 €, Schloßstraße 7, 16244 Schorfheide, schorfheide-museum.de). Hier lohnt es sich, ein wenig über das Gelände zu laufen oder gar in das Museum zu gehen für die Ausstellung „Jagd und Macht". Praktisch: An der Ladestation der Touristinfo in der Remise des Schlossparks können die Akkus der E-Bikes unabhängig von den Öffnungszeiten wieder aufgeladen werden.

In die Schorfheide

Wir verlassen das Gelände des Jagdschlosses gen Nordwesten, fahren an der Dorfkirche vorbei und stoßen auf die Liebenwalder Straße, wo es für uns nach rechts auf der Landstraße L 100 weitergeht. Dieser folgen wir für die nächsten knapp 2 Kilometer durch den Ort, bis wir auf die Abzweigung an der Prenzlauer Straße nach rechts zum Wildpark stoßen. Dort liegt das Highlight dieser Radtour für Groß und Klein.

In den Wildpark

Eingebettet in eines der größten Waldgebiete Deutschlands, dem Biosphärenreservat Schorfheide-Chorin, erwartet uns der 105 Hek-

tar große 13 / Wildpark Schorfheide (tgl. 9–18 Uhr, 9/6,50 €, nur
bar, Prenzlauer Str. 16, 16244 Schorfheide, wildpark-schorfheide.
de). Auf über 7 km Wegnetz liegen riesige Freigehege mit heimi-
schen oder ehemals hier freilebenden Wildtieren, wie dem Wolf,
Wisent oder Luchs, sowie seltenen Haustierrassen. Das Schöne:
Wir können uns aussuchen, ob wir den Park zu Fuß oder mit dem
Fahrrad erkunden wollen. Auf jeden Fall sollte man etwas
Zeit einplanen. Dann bleibt auch Gelegenheit, dem
Abenteuerspielplatz oder dem Streichelgehege
mit seinen Ziegen einen Besuch abzustatten.

Ein buntes Potpourri Wege
Schließlich führt uns die Route wieder nach
Groß Schönbeck zurück und von dort immer
weiter nach Osten. Der folgende Weg bietet
eine bunte Mischung an Untergründen. In Groß
Schönbeck warten ein paar Meter Kopfsteinpflaster auf uns, die wir jedoch schnell bewältigen,
um dann kurz darauf nach rechts auf einen Waldweg
abzubiegen. Wir gelangen nach etwas mehr als einem Kilometer auf die asphaltierte ruhige Eichhorster Chaussee und folgen
dieser. Ab dem sehenswerten Gut Sarnow radelt es sich im leichten Auf und Ab auf einem perfekten neuen Radweg bis nach Eichhorst, wo wir an der Schleuse an die Bikeaway-Tour anschließen
können.

TOUREИ INFO / Besonders für Familien geeignet, wechselnder Untergrund,
größtenteils asphaltiert mit leichten Steigungen, für den Besuch des Wildparks
etwas mehr Zeit einplanen. E-Bike-Ladestation im 12 / Jagdschloss Schönbeck.

⌃oben / Im Wildpark Schorfheide

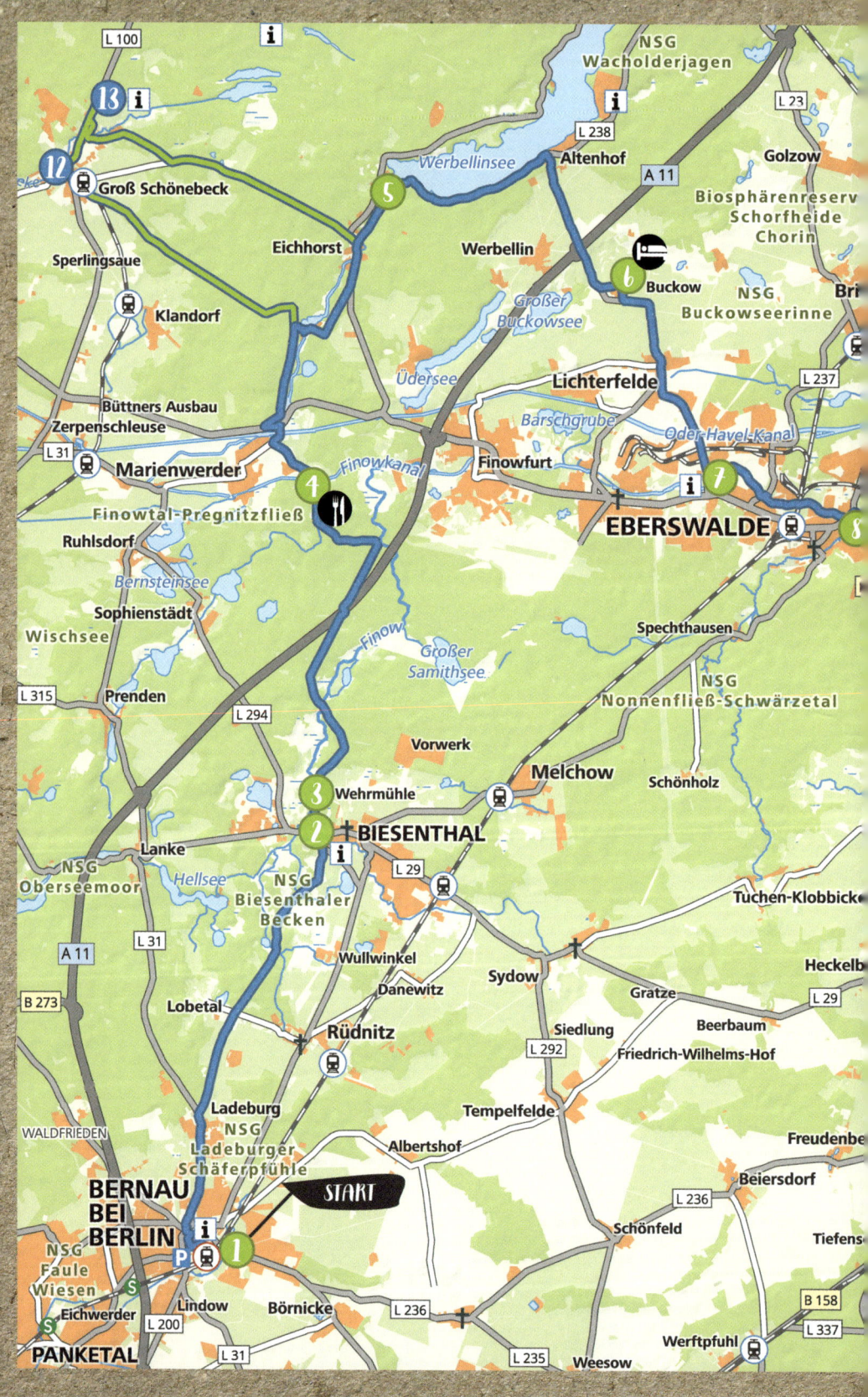

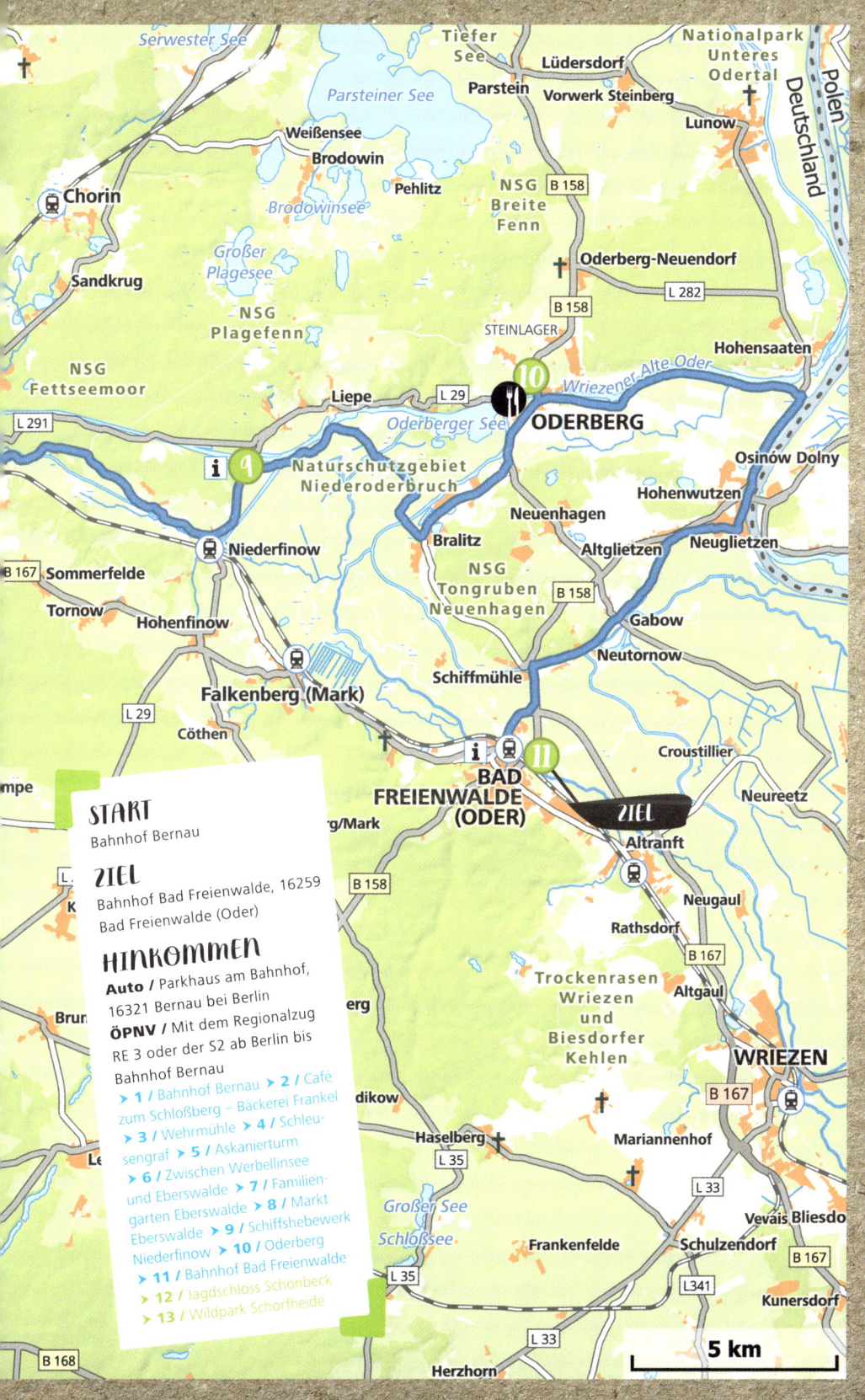

START
Bahnhof Bernau

ZIEL
Bahnhof Bad Freienwalde, 16259
Bad Freienwalde (Oder)

HINKOMMEN
Auto / Parkhaus am Bahnhof,
16321 Bernau bei Berlin
ÖPNV / Mit dem Regionalzug
RE 3 oder der S2 ab Berlin bis
Bahnhof Bernau
➤ **1** / Bahnhof Bernau ➤ **2** / Café
zum Schloßberg – Backerei Frankel
➤ **3** / Wehrmühle ➤ **4** / Schleusengraf ➤ **5** / Askanierturm
➤ **6** / Zwischen Werbellinsee
und Eberswalde ➤ **7** / Familiengarten Eberswalde ➤ **8** / Markt
Eberswalde ➤ **9** / Schiffshebewerk
Niederfinow ➤ **10** / Oderberg
➤ **11** / Bahnhof Bad Freienwalde
➤ **12** / Jagdschloss Schönbeck
➤ **13** / Wildpark Schorfheide

5 km

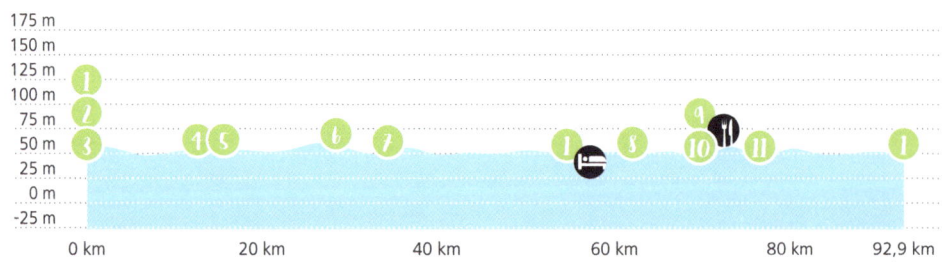

EVERGREEN

Der Spreewald gehört locker zu den schönsten Regionen Deutschlands – und egal, wie oft ich dort schon war, er verzaubert mich immer wieder. Ein Must-Visit!

> **1** / Start und Ziel der Tour ist der Bahnhof Lübben

> **2** / Auf der Schlossinsel Lübben bei Gurken Paule erstmal 'ne Gurke snacken

> **3** / Der Gurkenradweg mit dem Zeichen der Gurke auf dem Rad führt uns

> **4** / Lebhafter Stopp am größten Spreewaldhafen in Lübbenau

> **5** / Das Museumsdorf Lehde lässt uns in eine andere Zeit eintauchen

> **6** / Wer findet den schnellsten Weg durch den Irrgarten Burg?

> **7** / Vorbei an der ungewöhnlichen Schinkelkirche Straupitz

> **8** / Vögel beobachten und über feinsten Schotter entlang der Teichlandschaft radeln

> **9** / Leckere Hefeplinsen genießen wir im Café an der Spree

> **10** / Im alten Schlepzig gibt es für uns einiges zu entdecken

> **11** / Die Fachwerk-Kreuzkirche Krausnick ist auch von innen sehenswert

SPREEGURKEN

Erlebnistour durchs *Biosphärenreservat Spreewald*

Diese impressionsreiche Wochenendtour führt dich mitten hinein in das einzigartige UNESCO-Biosphärenreservat Spreewald, und damit in eine der landschaftlich schönsten Regionen Mitteleuropas. Malerische Natur, kulturelle Besonderheiten und die regionale Küche machen die Tour zu einem einmaligen Erlebnis.

TAG 1
Einzigartig in Mitteleuropa

Der Spreewald ist ein Klassiker unter den Berliner Ausflugszielen – und gehört sicherlich zu den „Must-See"-Regionen Deutschlands. Bekannt ist die Brandenburger Region vor allem für ihre Auenlandschaft und ihren Wasserreichtum mit dem etwa 1.500 Kilometer langen Netz aus schmalen Flussarmen und Fließen. Großartig für uns, dass sich die malerische Spreewaldlandschaft neben der hier typischen Kahnfahrt auch ganz wunderbar mit dem Fahrrad erkunden lässt. Das von der UNESCO anerkannte Biosphärenreservat bietet rund 5.000 Tier- und Pflanzenarten eine Heimat. Mal sehen, ob uns der eine oder andere Bewohner, wie eine Nutria oder der Fischotter, begegnen.

Tag 1 + Tag 2
55 + 38 Kilometer
10 + 10 Höhenmeter
4:15 + 2:45 Stunden
Rundtour

CHARAKTER
Sportlich ●●○○○
Abkühlung ●●○○○
Schlemmen ●●●●○
Panorama ●●●●●

◄ links / Radweg in der Teichlandschaft

Anreise nach Wunsch

Die Runde kann flexibel an drei verschiedenen Regionalbahnhöfen begonnen werden, neben unserem Start- und Endpunkt am 1 / Bahnhof Lübben liegen auch die Bahnhöfe Lubolz und Lübbenau in der Nähe der Route. Lübben ist übrigens ein toller Übernachtungsort, da wir die Tour in zwei Loops fahren und den Ort nach ca. 55 Kilometern wieder erreichen. Wer also lieber ohne Gepäck fährt, sucht sich am besten hier eine Unterkunft.

Das Herz des Spreewalds

Nun geht es aber los! Wie verlassen den Lübbener Bahnhof und bekommen auf der Fahrt durch den grünen, von dem kleinen Fluss Berste durchzogenen Hain schon mal einen guten Vorgeschmack auf den kommenden Tag. Über die Breite Straße gelangen wir in die Innenstadt. Unser erstes Ziel ist der Kahnhafen, wo wir beim berühmten Gurken-Paule einen schnellen Gewürzgurken-Snack nehmen – denn die Gurke gehört zum Spreewald einfach dazu –, bevor wir einen Bogen über die 2 / Schlossinsel Lübben machen. Das Lübbener Museumsschloss liegt auf der nördlichen Seite des Schlangengrabens und von unserer Seite aus hat man einen guten Blick auf das schöne Renaissancegebäude.

GURKENPARADIES

Klima und Boden des Spreewalds sind perfekt für den Gurkenanbau. Um sie haltbar zu machen, wurden sie eingelegt – die Grundlage der Spreewälder Gurken war geschaffen.

In den Oberspreewald

Wir verlassen Lübben nach Süden und fahren auf dem beliebten 260 Kilometer langen 3 / Gurkenradweg, der uns über die Tour hinweg immer wieder leiten wird, immer der Gurke nach am Spreedeich entlang. Der herrlich asphaltierte Radweg führt uns fernab vom Straßenverkehr durch die wechselhafte Landschaft nach Lübbenau in den Oberspreewald. Wir radeln mitten durch die beschauliche Altstadt am Markt vorbei, passieren einige kleine Lä-

> rechts oben / Brücke über die Berste in Lübben > rechts Mitte / Schlossinsel Lübben

KM 2

Durch die touristische Erschließung
des Spreewalds gibt es überall
Fahrradleihoptionen – mit und ohne
Motor. Mehr Informationen dazu erhält man oft in den Touristinfos, wie
in Lübben auf der 2 / Schlossinsel
(Ernst-von-Houwald-Damm 15) oder
in Lübbenau. Auch Akku-Lademög-
lichkeiten kann man dort erfragen.

SPREEWALDFEST

In der Altstadt Lübbenau findet im Juli das größte Volksfest des Spreewalds statt. Musik, Tradition und regionale Küche erschaffen eine einzigartige Atmosphäre.

den und Lokale mit regionalen Besonderheiten und Spezialitäten. Sorbisch/wendische Kultur und Tracht werden hier besonders an Festtagen lebendig, denn der Spreewald ist ein fest verwurzeltes Siedlungsgebiet der Sorben/Wenden, was u. a. auch an der mehrsprachigen Beschilderung von Ortsnamen deutlich wird.

Am größten Hafen

Bevor wir die Schlossinsel erreichen, können wir kurz vor der Spreebrücke noch einen Abstecher nach rechts machen. Dort liegt der größte aller Spreewaldhäfen, der 4 / Spreewaldhafen Lübbenau, und die Gurkenmeile, wo ortsansässige Gurkenbetriebe ihr saftiges Gemüse verkosten lassen. Im Sommer herrscht im Hafen reger Betrieb und die spreewaldtypischen Holzkähne brechen zwischen März und November regelmäßig mit zahlreichen Besuchenden an Board auf, um auf Touren zwischen 2 und 6 Stunden die wunderbare Fließlandschaft auf dem Wasser zu erkunden. Wir fahren weiter zur Schlossinsel mit ihrem imposanten Schlossbau, der sein heutiges Äußeres im 19. Jahrhundert erhalten hat und nun ein

GURKEN VERKOSTEN AUF DER GURKENMEILE IM SPREEWALDHAFEN

Hotel beherbergt. Der umgebende Schlosspark mit Orangerie und Marstall ist wunderschön und ebenfalls einen Besuch wert.

Museumsdorf

Für uns geht es nun tiefer hinein in den Oberspreewald. Wir verlassen den Schlossbezirk und folgen dem Lehder Fließ in das idyllische 5 / Dorf Lehde, welches gerade mal um die 130 Einwohner hat und zu den schönsten Dörfern des Spreewalds gehört. Im dortigen Freilandmuseum betreten wir dann eine völlig andere Welt und erleben die ursprüngliche Lebensweise der Spreewälder in der Zeit des 19. Jahrhunderts. Nach diesen vielen besonderen Eindrücken wird es Zeit für eine längere Radelphase, oder? Dafür lassen wir Lehde hinter uns und überqueren zunächst einmal eine der typischen hölzernen Fließbrücken über die Spree.

Am Wasser unter Bäumen

Der Gurkenradweg überschneidet sich auf dem wunderschönen Weg von Lehde nach Leipe mit dem Spreeradweg und wir radeln auf dem malerisch eingebetteten, festen Schotterweg zwischen Birken und Erlen immer am Kanal entlang. Am Wochenende ist in der Hauptsaison mitunter einiges los, weshalb wir uns einfach

HOLZ

Die Spreewälder Holzbrücken mit ihren Führungsschienen für Fahrräder sind mit Gepäck etwas beschwerlich zu überqueren. Da heißt es, nicht ärgern, in die Hände spucken, notfalls Taschen abladen und sich beim Hochschieben weiterhin an der schönen Naturkulisse erfreuen!

‹ links / Spreewälder Gewürzgurken im Spreewaldhafen Lübbenau
⌃ oben / Lehde

etwas mehr Zeit nehmen und entspannt das reizvolle Spreewald-
panorama genießen.

Nicht in die Irre führen lassen

In Leipe öffnet sich die Landschaft wieder etwas mehr
und sobald wir am Knotenpunkt 8 nach links abbiegen,
fahren wir nun primär zwischen Wiesen und Feldern
entlang Richtung Burg. Asphaltierte Nebenstraßen gestalten jetzt unseren Weg und es gibt immer wieder Einkehrmöglichkeiten wie am Hafen Waldschlösschen. Wir
lassen den nächstgrößeren Spreewaldort Burg südöstlich
liegen und bewegen uns nun ein Stück gen Norden vorwärts. Dabei kommen wir am 6 / Irrgarten Burg (2/1,50 €, Willischzaweg,
03096 Burg, spreewaldhof-lukas.de/irrgarten.php) vorbei, der eine
gelungene Abwechslung zu den anderen Spreewälder Highlights
darstellt. Na, wer findet den schnellsten Weg zum Mittelpunkt?

⌃ oben / Leipe ➤ rechts / Schinkelkirche in Straupitz

Spreewälder Weiten

Wir folgen dem Gurkenradweg weiter, vorbei an der Schleuse Burg, eine von vielen kleinen Schleusenanlagen, die uns auf dieser Tour begegnen. Nach der Überquerung des Hochwasserschutzkanals Nordumfluter radeln wir die nächsten 4 Kilometer entspannt auf einer asphaltierten Fahrradstraße zwischen den Feldern, die nun deutlich größer geworden sind und einen hier ungewohnten Weitblick ermöglichen. Schließlich gelangen wir nach Straupitz, einer Gemeinde am nordöstlichen Spreewaldrand, welche vor allem aufgrund ihrer großen, für ein Dorf eher ungewöhnlichen 7 / Schinkelkirche mit Doppelturmfassade in Erinnerung bleibt. Doch auf dem Weg in den Ort hinein fallen auch andere Gebäude ins Auge, wie etwa das Straupitzer Schloss, welches als Schule genutzt wird oder der historische Fachwerkbau des Kornspeichers, der unweit der Touristinfo an der Straße liegt.

Am Nordumfluter

Wir folgen dann dem straßenbegleitenden Radweg entlang der L44 bis Neu-Zauche, von wo wir an der Backsteinkirche vorbeiradelnd über den asphaltierten Gurkenradweg wieder zurück an den Nordumfluter kommen. Nach knapp 2 Kilometern

KM 35

Die im Jahr 1832 eingeweihte 7 / Schinkelkirche in Straupitz wurde von dem berühmten preußischen Architekten Karl Friedrich Schinkel im Stil einer altrömischen Basilika entworfen. Die Kirche zählt mit der weit sichtbaren Doppelturmfassade zu den bedeutenderen, klassizistischen Bauwerken des Baumeisters.

über einen festen Schotterweg parallel zum Wasser überqueren wir den Kanal erneut und gelangen auf Asphalt nach Alt-Zau-che. Dort gibt es die nächste wunderbare Pausenmöglichkeit an dem neu aufgebauten Gasthaus In Mühle (Mühlweg 2b, 15913 Alt Zauche-Wußwerk) im urigen, regionaltypischen Blockstil. Der Nordumfluter begleitet uns anschließend auf wechselnden, jedoch größtenteils geteerten Wegen bis kurz nach Lübben, das wir öst-lich des Zentrums passieren. Wer hier übernachtet, hat nun die erste Etappe voller Eindrücke geschafft und kann sich ein wohlver-dientes, deftiges Spreewaldessen gönnen.

IN DIE TEICH-LANDSCHAFT DES UNTER-SPREEWALDS

TAG 2
Offroad-Romantik am Fischteich

Auf der nächsten Etappe unserer Tour tragen uns die Räder für die ersten 10 Kilometer über größtenteils feste Schotterwege gen Norden und damit hinein in den Unterspreewald. Eine malerisch schöne Landschaft liegt auf diesem Tourenabschnitt. Im Kontrast zu den vielen kleinen Spreeverästelungen, die wir bisher gesehen

haben, befindet sich hier eine ausgedehnte, von Wald umgebene 8 / Teichlandschaft mit etwa 250 Hektar Fischteichen. Besonders im Herbst ist das Farbenspiel der Bäume, die sich im Wasser spiegeln, atemberaubend schön und lädt immer wieder dazu ein, kurz innezuhalten und sich an dem romantischen Anblick zu erfreuen.

Erlebnisdorf im Unterspreewald

Wir erreichen die ersten Häuser von Schlepzig und entdecken das kleine, direkt an einem Fließarm gelegene rote Backsteingebäude des 9 / Café an der Spree (Do–So 11–17/18 Uhr, Dammstraße 12, 15910 Schlepzig). Dieses bietet in seinem urigen Garten mit Holzbänken am Wasser neben Spreewälder Spezialitäten, wie frischen Hefeplinsen und Schmalzbrot mit Gewürzgurke, auch Eis und andere kleine Snacks an. Ein herrlicher Ort für eine Schlemmerpause. Und im Anschluss geht es rein ins facettenreiche Zentrum des Unterspreewalds. In 10 / Schlepzig kann man getrost etwas mehr Zeit einplanen, denn der Ort ist ein Ausgangspunkt für die berühmten Spreewälder Kahnfahrten und hat kulturell und kulinarisch einiges zu bieten. Besonders Prozentiges steht hoch im Kurs: In dem kleinen Ort gibt es in einem sehenswerten Backstein-Fachwerkhaus-Ensemble eine prämierte Spreewald Destillerie für Roggen-Whis-

1.000

9 / Schlepzig im Unterspreewald gehört mit seinen über 1.000 Jahren zu den ältesten Gemeinden Brandenburgs. Dort befinden sich neben einer historischen Getreidemühle und einer Fachwerkkirche auch ein Bauernmuseum und ein Infozentrum zum UNESCO-Biosphärenreservat.

◄ links / Leckeres im Café an der Spree ▲ oben / Teichlandschaft

KM 76

Die höchste Erhebung um Krausnick
ist der etwa 4,5 Kilometer entfernte
und 144 Meter hohe Wehlaberg.
Auf seinem hölzernem Aussichtsturm hat man einen tollen Blick bis
in die Tropen*! (*Die Brandenburger
Variante, das in einer alten Zeppelin-
halle befindliche Erlebnisbad Tropical
Island, unweit von Krausnick.)

key und eine Privatbrauerei mit Gasthaus und direktem Blick ins Brauhaus. Beide bieten Führungen und Verkostungen an, perfekt also für einen längeren Aufenthalt.

Wendepunkt

Am Knotenpunkt 88 radeln wir nach links und verlassen Schlepzig nun ein Stück dem Hofjagdradweg nachradelnd, dem wir auf unserer Tour Nr. 18 bereits gefolgt sind. So gelangen wir in das über 1.000 Jahre alte Dorf Krausnick, wo besonders die liebevoll sanierte 11 / Fachwerk-Kreuzkirche Krausnick auffällt, die eine Orgel aus dem 19. Jahrhundert beherbergt. Krausnick ist auch ein guter Ausgangspunkt in die regional eher untypische hügelige Landschaft der Krausnicker Berge, die sich über den Abzweig am Knotenpunkt 87 erreichen lassen.

FACHWERK

Im Spreewald begegnen wir zahlreichen Fachwerkkirchen, auf unserer Tour allein liegen mindestens vier. Die letzte entdecken wir in Lubolz kurz vor Lübben.

Durch den Wald nach Süden

Von Krausnick aus fahren wir weiter auf dem Gurkenradweg wunderbar entspannt auf einem asphaltierten Radweg und primär durch den typischen Brandenburger Nadelwald. Rastplätze für eine Pause liegen am Weg und nach etwa 10 Kilometern erreichen wir Lubolz, das auch über einen Regionalbahnhof verfügt und wo wir am Knotenpunkt 65 die letzten Kilometer auf dem straßenbegleitenden Radweg nach Lübben in Angriff nehmen. Wir lassen die Tour mit einem Bogen durchs westliche Lübben und durch den Hain an der Berste entlang ausklingen und erreichen schließlich unseren Ausgangspunkt am 1 / Lübbener Bahnhof wieder.

TOURENINFO / Gut geeignete Tour für die ganze Familie, Anhänger können nur an den Fließbrücken beschwerlich sein, variabler Untergrund aus vielen asphaltierten Rad- und teilweise festen Schotterwegen, nahezu keine Steigungen. An Mückenschutz denken!

◄ **links oben / Radfahrende in Schlepzig** ◄ **links Mitte / Fachwerk-Kreuzkirche Krausnick**

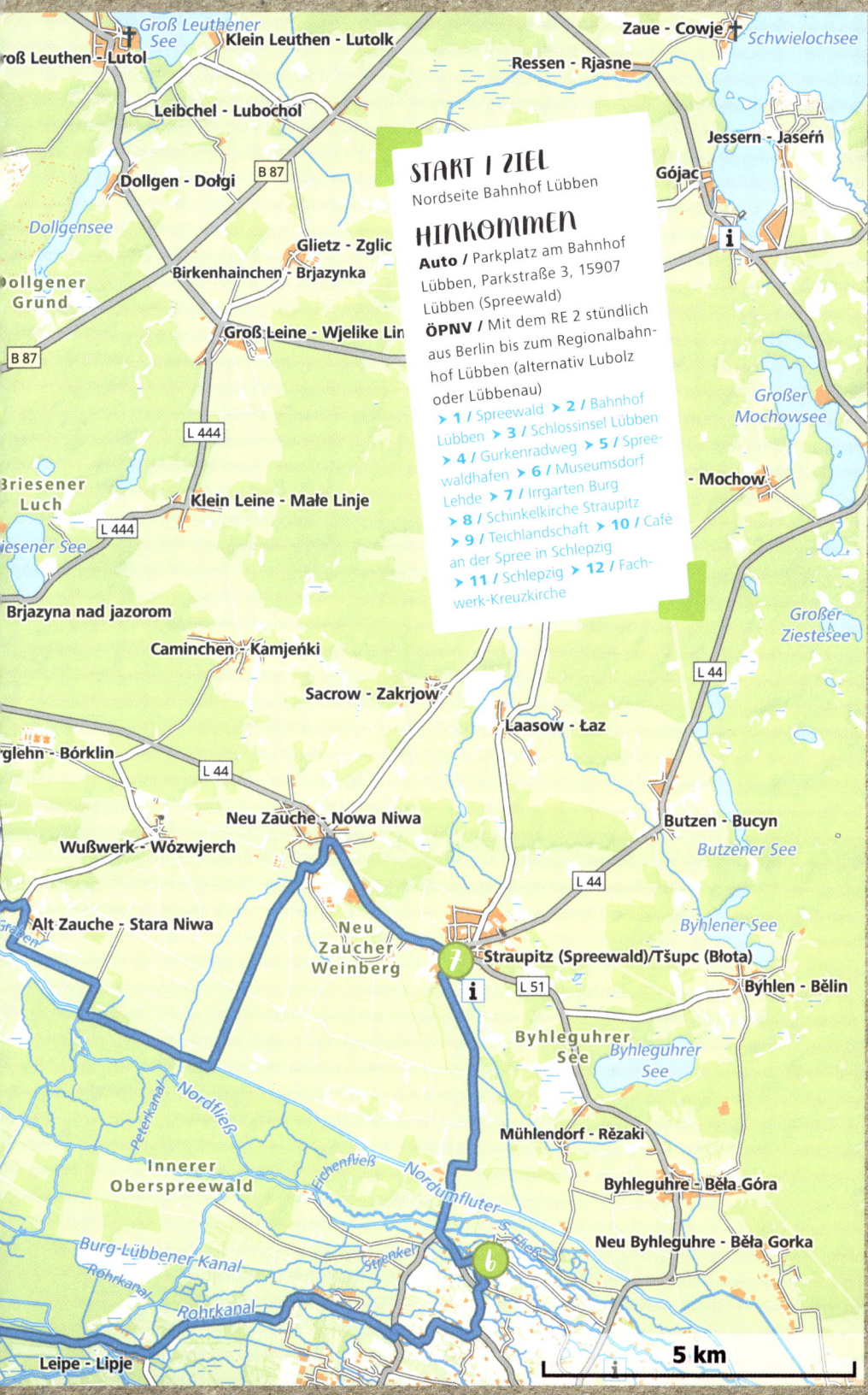

START / ZIEL

Nordseite Bahnhof Lübben

HINKOMMEN

Auto / Parkplatz am Bahnhof Lübben, Parkstraße 3, 15907 Lübben (Spreewald)

ÖPNV / Mit dem RE 2 stündlich aus Berlin bis zum Regionalbahnhof Lübben (alternativ Lubolz oder Lübbenau)

➤ **1 /** Spreewald ➤ **2 /** Bahnhof Lübben ➤ **3 /** Schlossinsel Lübben ➤ **4 /** Gurkenradweg ➤ **5 /** Spreewaldhafen ➤ **6 /** Museumsdorf Lehde ➤ **7 /** Irrgarten Burg ➤ **8 /** Schinkelkirche Straupitz ➤ **9 /** Teichlandschaft ➤ **10 /** Café an der Spree in Schlepzig ➤ **11 /** Schlepzig ➤ **12 /** Fachwerk-Kreuzkirche

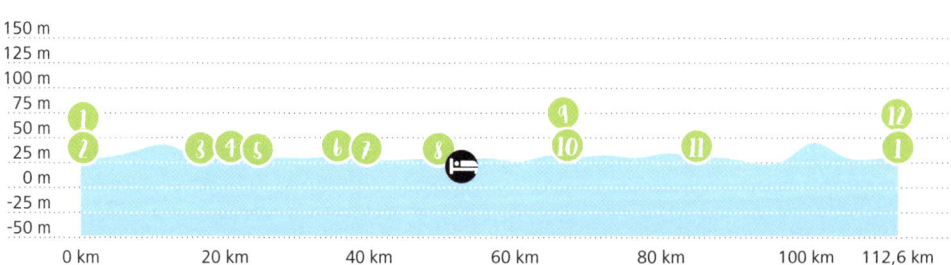

ERFRISCHEND

Brandenburgs Wasserreichtum lässt sich auf dieser Tour besonders gut erleben und dabei viele Wasservögel und Sehenswürdigkeiten entdecken – toll im Sommer.

➤ 1 / Start und Ziel befinden sich am Bahnhof Brandenburg an der Havel

➤ 2 / Backsteinkunst entdecken am Neustädtischen Mühlentorturm

➤ 3 / Zum Gartenzwerge zählen an den Hafen von Kirchmöser

➤ 4 / Auf dem Industrielehrpfad Kirchmöser West Industriekultur erleben

➤ 5 / Die Alte Plauer Brücke ist ein Industriedenkmal mit Stahlfachwerk

➤ 6 / Malerische Havelaussichten auf der Fähre Pritzerbe-Kützkow

➤ 7 / Zu Besuch in der Kirche Bahnitz, der kleinsten Kirche Brandenburgs

➤ 8 / In Milow ins NaturparkZentrum und übernachten

➤ 9 / Der Optikpark Rathenow lädt zu vielfältigen Sinneserlebnissen ein

➤ 10 / Über die Rathenower Havel auf der Weinbergbrücke

➤ 11 / 11 m über dem Boden auf der Aussichtsplattform Premnitz

➤ 12 / Backsteinfaszination und Waldmöpse in der Altstadt Brandenburg

HAVELIDYLLE

Durch den Naturpark
Westhavelland

Auf dieser Tour radeln wir häufig am Wasser entlang und erleben den größten Naturpark Brandenburgs zwischen Havel, Seen und Feldern. Dabei entdecken wir kleine Orte mit einzigartigem Charme und erkunden die Highlights der Region vom Fahrradsattel aus.

TOUR, DIE DU SO NIE GEMACHT HÄTTEST

TAG 1

Inselhopping in Brandenburg

Unsere Reise beginnt und endet am 1 / Bahnhof Brandenburg an der Havel, rund eine Bahnstunde von Berlin entfernt. Er ist auch der Startpunkt der über 1.100 Kilometer langen Tour Brandenburg, dem längsten deutschen Rad-

fernweg, der uns den Großteil des Tags begleiten wird.
Die wasserreiche Stadt Brandenburg an der Havel blickt
auf eine über 1.000-jährige
Geschichte zurück und verfügt über drei mittelalterliche

Tag **1** + Tag **2**
50 + **63** Kilometer
15 + **35** Höhenmeter
3:45 + **4:45** Stunden
Rundtour

CHARAKTER
Sportlich ●●○○○
Abkühlung ●●●●○
Schlemmen ●●○○○
Panorama ●●●○○

Stadtkerne. Auf unserem Weg hinaus erkunden wir einen Teil davon und fahren über den Neu-städtischen Markt zunächst zum Backsteinbau des 2 / Neustädtischen Mühlentorturms (Mühlen-damm, 14776 Brandenburg) aus dem 15. Jahrhun-dert. Dieser ist einer der vier noch erhaltenen Tor-türme der Brandenburger Stadtmauer.

‹ links / Brandenburg an der Havel

Wasser, Wasser, überall Wasser

Für uns geht es vom Torturm nach links weiter am Wasser entlang. Dabei radeln wir entspannt durch den Park über das ehemalige BUGA-Gelände Packhof bis zur Werft an der Jahrtausendbrücke, von welcher man einen schönen Blick auf die belebten Havelufer hat. Der Uferweg ist Teil des Havel-Radwegs und trägt uns langsam heraus aus der Stadt. Wir gelangen auf den straßenbegleitenden Radweg der Wilhelmsdorfer Landstraße.

ABSTECHER

Vom **2 / Neustädtischen Mühlentorturm** ist es nicht weit zum historischen, frühgotischen Dom aus dem 12. Jahrhundert, der auf der Insel nördlich vom Turm liegt.

Diesem folgen wir bis zum Krugpark Wilhelmsdorf mit seinem Lehr- und Erlebnispfad, wo wir nach rechts abbiegen und kurz darauf auf den herrlichen, asphaltierten Radweg am Breitlingsee stoßen. Tief durchatmen, See- und Waldluft schnuppern und endlich autoverkehrsfrei Radfahren – ein Träumchen! Der Weg führt in sanften Kurven durch den Wald vorbei am Strand und Seecamp Malge bis nach Kirchmöser Dorf am Möserschen See. Am dortigen 3 / Hafen Kirchmöser geht es recht beschaulich zu und der idyllische Blick auf den See lädt zum kurzen Stopp ein. Dabei entdeckt man dann auch Skurrilitäten wie den Vorgarten des Bootverleihs, der über und über mit Gartenzwergen dekoriert ist.

Industriedenkmale

Die Uferstraße bringt uns am Heiligen See vorbei durch Kirchmöser Ost und hinein in ein sehr kontrastreiches Umfeld im Vergleich zur Seeidylle am Hafen, denn im 19. und 20. Jahrhundert wurde der Ort zum Industriestandort. Auf unserem Weg hindurch fahren wir vorbei an ehemaligen Arbeitersiedlungen und entdecken die Überbleibsel der industriekulturellen Architektur auf einem Teil des 4 / Industrielehrpfades mit zahlreichen Infotafeln. Die Brücke über den Elbe-Havel-Kanal bringt uns schließlich heraus aus Kirchmöser und hinüber in den grünen Schlosspark Plaue am Plauer See.

➤ rechts oben / Am Breitlingsee ➤ rechts Mitte / Gartenzwerge im Hafen von Kirchmöser

KM 2

Übrigens, wer aufmerksam in
1 / Brandenburg an der Havel
unterwegs ist, entdeckt regelmäßig die lebensgroßen, vierbeinigen
Bronzeskulpturen aus einem Sketch
des berühmten Brandenburger
Karikaturisten Loriot am Wegesrand.
Also Augen offenhalten und fleißig
Waldmöpse zählen! Mal sehen, wer
die meisten entdeckt.

INDUSTRIE-KULTUR

Auf dem 4 / Industrielehrpfad sichten wir u. a. einen Luftschutz-bunker, eine alte Dampflok der Deutschen Reichsbahn und einen Wasserturm aus Backstein.

TOUR, DIE DU SO NIE GEMACHT HÄTTEST

Auf Fontanes Spuren

Nicht nur der Havel-Radweg, sondern auch der Fontane-Weg führt durch den Park hindurch. Der Schriftsteller war häufig in Plaue zu Gast und so finden sich dort einige Erinnerungen den berühmten Literaten. Wir radeln durch den schattigen Schlosspark vorbei am weltweit ältesten erhaltenen Tontaubenschießstand, der um 1900 entstanden ist, bis zur barocken, dreiflügeligen Anlage des Schloss Plaue. Hier befindet sich direkt an der Havel auch die Schloss-Schänke mit malerisch am Wasser gelegenen Biergarten und lädt zu einem Päuschen ein. Dabei hat man einen tollen Blick auf den imposanten Stahlfachwerkbau im Jugendstil der 5 / Alten Plauer Brücke (Genthiner Str. 1, 14774 Plaue) aus dem Jahr 1904. Diese wird aktuell (Stand Herbst 2021) saniert.

Auf Radwegen

Wir überqueren erneut die Havel, biegen nach links auf den Briester Weg und folgen der Havel auf dem Radweg entlang der Landstra-ße über Briest bis nach Tiekow. Kurz nach dem Ort radeln wir nach

links auf den geteerten, ruhigen Radweg zwischen den Feldern, der uns am Bahnhof Fohrde vorbei zum Knotenpunkt 23 bringt.

Eine Fährfahrt, die ist lustig…
Und es geht wieder übers Wasser, und zwar gleich zwei Mal: Zunächst rollen wir von Fohrde rüber nach Pritzerbe über die Brücke der Havel mit schönem Blick auf die nebenliegende Eisenbahnbrücke. Dem Uferweg nach links folgend gelangen wir zur 6 / Kettenfähre Pritzerbe-Kützkow (saisonal, 5–22 Uhr, 1,50 € inkl. Fahrrad, Havelstraße, 14798 Havelsee). Während der kurzen Fährfahrt nach Kützkow hinüber lässt sich der malerische Ausblick über den Fluss und die schöne Uferpromenade ausreichend genießen. Von Kützkow aus radeln wir nach rechts auf eine ruhige Fahrradstraße, die uns über einen sehr gut fahrbaren, zweispurigen Plattenweg zwischen Feldern und schattigen Alleen bis in den kleinen, unscheinbaren Ort Bahnitz führt.

Deutschlands kleinstes Gotteshaus?
Das kleine Dorf wirkt unauffällig, doch es lohnt ein aufmerksamer Blick. Denn neben einer Kunsthalle versteckt sich hier eine besondere Rarität: Die 7 / Dorfkirche Bahnitz (Mai–Sept. tgl. 10–18 Uhr, Dorfstra-

LIVE-STREAM

In Fohrde brütet ein Storchenpaar, das bereits einige mediale Aufmerksamkeit bekommen hat. Der Grund: Eine Live-Übertragung per Videokamera direkt aus dem Storchennest lässt einen ganz nah am Leben der Vögel teilhaben (storchennest-fohrde.de).

◄ links / Alte Plauer Brücke ▲ oben / Havelpanorama bei der Kettenfähre Pritzerbe-Kützkow

ße 6, 14715 Milower Land) ist mit ihren 30 Sitzplätzen vermutlich die kleinste Kirche Deutschlands, in der regelmäßige Gottesdienste stattfinden. Wir verlassen Bahnitz und radeln auf der Fahrradstraße weiter zwischen den Feldern durchs schöne Milower Land bis zum Knotenpunkt 54 in Jerchel. Ab dort folgen wir dem straßenbegleitenden Radweg bis nach Milow. Wenn wir durch den etwas lebhafteren Ort radeln, kommen wir an einer ehemaligen Kirche vorbei, die umfunktioniert wurde und heute eine Sparkasse beherbergt. Deutlich hübscher ist allerdings die alte Fachwerkkirche ein paar Meter vor dem Knotenpunkt 53. Auch ein Supermarkt, Restaurant und Bäcker befinden sich in Milow – perfekt also für einen kleinen Verpflegungsstopp. Aber es gibt hier noch mehr zu entdecken.

NATURPARK

Der Naturpark Westhavelland ist das größte Schutzgebiet Brandenburgs und gleichzeitig das größte zusammenhängende Feuchtgebiet des europäischen Binnenlandes.

Die dunkelste Nacht

Die Schönheit des 1998 gegründeten Naturparks Westhavelland haben wir vom Fahrrad bisher schon etwas erleben können. Mehr

---

▲ oben / Ein Haus in Milow ➤ rechts / Fähre Pritzerbe-Kützkow

Hintergrundwissen über den vielfältigen Lebensraum erhalten wir im NABU 8 / NaturparkZentrum Milow (saisonal, April–Okt. 10–17 Uhr, außer Mi., 3/2/1 €, Stremmestraße 10, 14715 Milower Land, nabu-westhavelland.de), das direkt am Wasser auf dem Rittergut Milow liegt, wo es auch einen Gasthof mit Terrasse gibt. Die Gegend ist in vielerlei Hinsicht einzigartig. Der Naturpark ist zum Beispiel der erste Sternenpark des Landes und zählt zu den dunkelsten Orten in Deutschland – wer also Sterne gucken möchte, kann sich in der BRD kaum in einer besseren Region aufhalten! Das schreit förmlich nach einer Nacht im Freien – wie auf dem am Wasser gelegenen Biwakplatz Milow. Wem etwas mehr Komfort wichtig ist, findet in dem Ort aber auch eine Jugendherberge, Hotel und Pensionen.

TAG 2
Entlang der Havel

Von Bützer bis Rathenow ist die Strecke größtenteils wunderschön und sehr gut fahrbar. Die betonierten Platten der Fahrradstraße führen zwischen Wiesen und Feldern häufig unweit der Havel entlang. Auch dieser Abschnitt ist Teil des Havel-Radwegs sowie der BUGA 2015 Tour. Am Knotenpunkt 55 erreichen wir Rathenow West und biegen nach rechts auf die Genthiner Straße.

TOUR, DIE DU SO NIE GEMACHT HÄTTEST

KM 36

An der 6 / Fähre Pritzerbe-Kützkow bietet sich ein tolles Havel-Panorama. Viele Vögel leben in Ufernähe und lassen sich von der Fähre als auch vom Havleufer in Kützkow toll beobachten. Exotischere Tiere gibt es in Kützkow übrigens auf einen Erlebnishof mit Straußenfarm und allerlei anderen Tieren.

**TOUR,
DIE DU SO
NIE GEMACHT
HÄTTEST**

Stadt der Optik

Rathenow trägt den Beinamen „Stadt der Optik", was zum einen der Optischen Industrie geschuldet ist, aber auch an vielen weiteren Orten der Stadt aufgegriffen wurde. Wie im vielfältigen 9 / Optikpark (Mitte April–Okt. 9–18 Uhr, 5/2,50/1,50 €, Schwedendamm 1, 14712 Rathenow, optikpark-rathenow.de) mit seinen optischen Täuschungen, Farbspielen und Gärten. Um das Gelände und die vielen Impressionen des Parks gebührend aufnehmen zu können, sollte man etwas Zeit einplanen. Im Anschluss radeln wir weiter, vorbei am weltweit größten Brachymedialfernrohr und gelangen somit zur geschwungenen, ebenso beeindruckenden 10 / Weinbergbrücke. Die 348 Meter lange Brücke ist eine reine Fuß- und Fahrradbrücke über die hier sehr idyllisch fließende Rathenower Havel und verbindet den Optikpark mit dem blumenreichen, grünen Weinbergspark. Es geht bergauf, als wir am Park entlang radeln. Wir passieren dabei eines der Wahrzeichen von Rathenow, den 34 Meter hohen Bismarckturm, den man auch besteigen und von dort eine tolle Aussicht über die Stadt genießen kann.

Nach Süden durch den Wald

Falls Rathenow als Übernachtungsstopp gewählt wurde, geht es nun am nächsten Morgen ausgeruht auf den Rückweg nach Brandenburg. Knapp 45 Kilometer liegen jetzt noch vor uns. Die Strecke der Tour Brandenburg führt etwas kürzer über einen asphaltierten Radweg nach Süden aus Rathenow hinaus, allerdings parallel zur Milower Landstraße. Wer lieber ruhiger und ungestört vom Verkehr fahren möchte, sollte unserer Tour gen Westen über die Bammer Landstraße folgen und etwa einen Kilometer nach den Bahngleisen rechts in den Wald abbiegen. Am Wolzensee vorbei führt die Alte Heerstraße über festen Forst- und Schotterboden. Eine schöne Abwechslung zu den vielen Wegen entlang der Felder am Vortag. Am Knotenpunkt 33 in Spolierenberg biegen wir nach rechts und radeln bis nach Premnitz weiter unter Bäumen.

Pause mit Weitblick

In dem größeren Ort an der Havel können wir uns mit Proviant eindecken und zum Havelufer fahren, um den herrlichen Ausblick über die Landschaft von der 11 Meter hohen 11 / Aussichtsplattform Premnitz (9–20 Uhr, Alte Hauptstraße, 14727 Premnitz) auf dem Pumpwerkgebäude zu genießen. Unser Weg aus Premnitz führt an

◄ links / Weinbergbrücke in Rathenow ▲ oben / Wahrzeichen von Rathenow: Bismarckturm

KM 104

Auf dem Weg durch Brielow kommen wir an einem außergewöhnlichen Naturdenkmal vorbei. Die „Schwedenlinde" aus dem 16. Jahrhundert hat eine Stammumfang von ca. 13 Metern und ragt wahrlich beeindruckend mit großer, grüner Krone neben der Dorfkirche in den Himmel.

der alten Steinbogenbrücke und am Bahnhof vorbei. Ab jetzt folgen wir dem asphaltierten, straßenbegleitenden Radweg, der mal durch Wälder, entlang von Feldern und durch einige kleine Orte führt. Kurz vor Pritzerbe verlassen wir den Radweg und biegen nach links auf eine Nebenstraße ab. Die folgenden ca. 9 Kilometer bis Brielow sind geprägt von entspannten Neben- und Fahrradstraßen zwischen Feldern und Wald. Kurz nach der „Schwedenlinde" gelangen wir auf den Storchenradweg und folgen diesem entlang alter Gleise bis zum Knotenpunkt 25 und am Beetzsee vorbei bis Brandenburg.

Abschluss in der Altstadt

Bevor wir wieder am Bahnhof in Brandenburg ankommen, machen wir noch einen Bogen durch die 12 / Altstadt Brandenburg. Mit dem gotischen Backsteingebäude des Altstädtischen Rathauses aus dem 15. Jahrhundert und dem Marktbrunnen sollte man sich diese nicht entgehen lassen. Bis zur Vereinigung der beiden Brandenburger Städte 1715 war das Rathaus der administrative Mittelpunkt der Altstadt. Danach wurde es u. a.als Barchentfabrik, Warenlager, Kaufhalle und Kornmagazin genutzt. Zur Ruine verfallen, wurde es von der Stadt 1910 wiederaufgebaut. Und wer findet weitere von Loriots Bronze-Waldmöpsen, die an seinen Ausspruch „Ein Leben ohne Mops ist möglich, aber sinnlos" erinnern? Wir radeln anschließend über die Jahrtausendbrücke und erreichen nach unserem Weg durch die Neustadt bald darauf den 1 / Bahnhof Brandenburg, den Ausgangspunkt unserer Tour. Geschafft!

ENDSPURT
Auf dem Weg durch die Brandenburger Neustadt passieren wir die größte Kirche der Stadt, die spätgotische Backsteinkirche St. Katharinen und das St. Paulikloster.

TOUR, DIE DU SO NIE GEMACHT HÄTTEST

TOURENINFO / Gut geeignet für Familien mit Anhänger, größtenteils asphaltiert mit ein paar wenigen Kopfsteinpflaster- und Wald-/ Schotterwegpassagen. Rastplätze und Verpflegungsoptionen auf der Strecke, Bademöglichkeiten vorhanden. Sonnenschutz einpacken!

◄ **links oben / Einer der Loriotschen Möpse** ◄ **links Mitte / Schönheiten am Wegesrand**

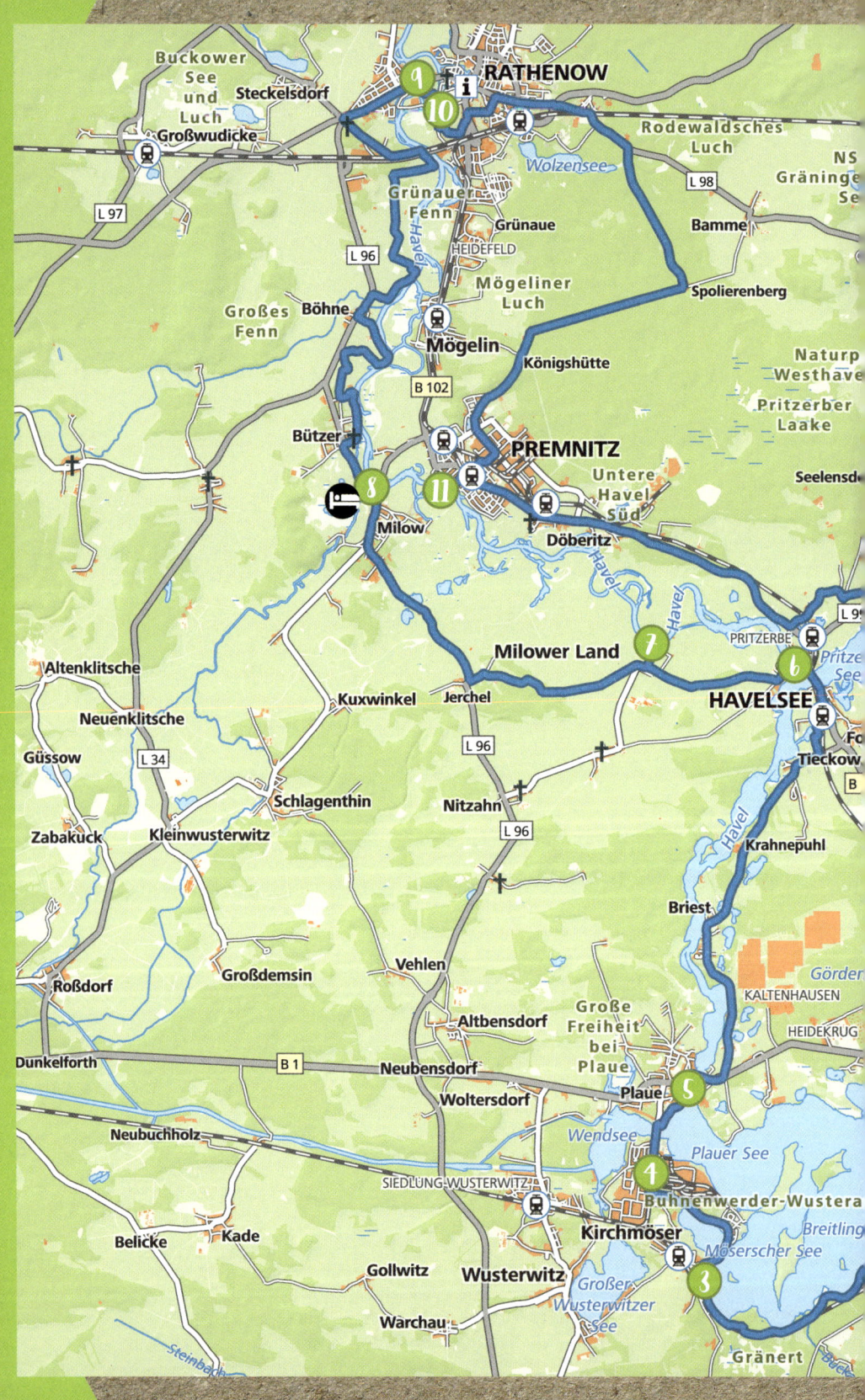

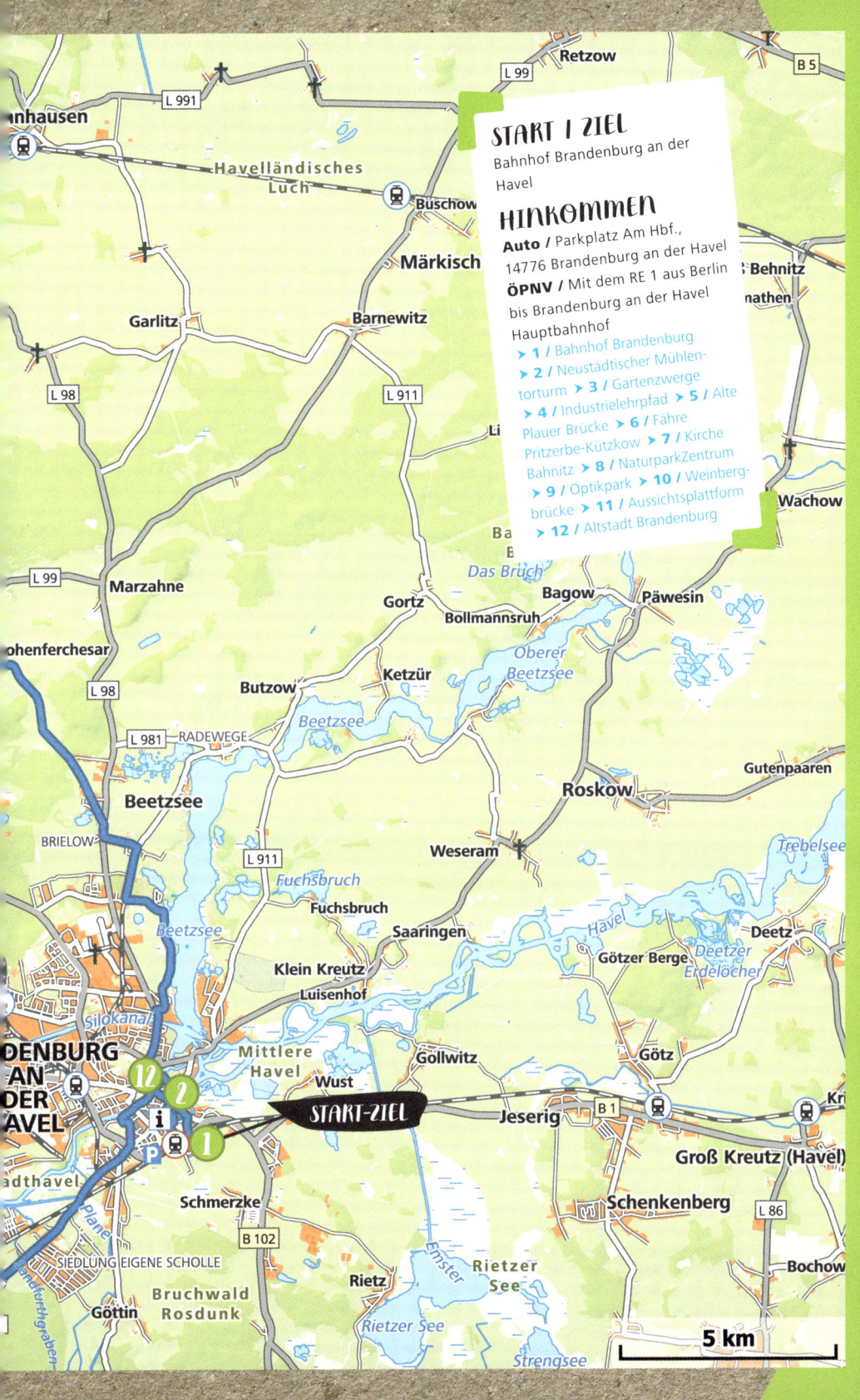

5 km

BYE-BYE INS WOCHENENDE
Wir gehen auf große Ausfahrt, wie hier zum Werbellinsee auf Tour 19

AUFGESATTELT!

BERLIN- UND RADBASICS

RADVERGNÜGEN

in und um Berlin

Mit dem Berliner Radverkehr ist einiges geschehen in den letzten Jahren. Immer mehr Menschen nutzen das Fahrrad: die Zahlen steigen. Cargobikes und Fahrräder mit Kinderanhänger rollen neben High-End-Rennrad und Citybike durch die Hauptstadt. Berlin steht zwischen Vorreiterposition und Rückstand, wenn es ums Radfahren und Fahrradsicherheit geht.

BERLIN UND DAS FAHRRAD – EINE HASSLIEBE?

Berlin rollt. Zum einen wurde in der Hauptstadt 2016 die Initiative Volksentscheid Fahrrad (changing-cities.org) erfolgreich ins Leben gerufen. Diese hat nicht nur in Berlin selbst für Umbruch gesorgt, sondern landesweit weitere Initiativen angeregt. Zum anderen liegen veraltete Fahrradinfrastruktur, Falschparkerwahnsinn und teils aggressives Fahrverhalten der motorisierten Verkehrsteilnehmenden eng beieinander. Eine Stadt im Mobilitätszwiespalt? Auf jeden Fall. Doch in den letzten Jahren wurden auch neue Radwege gebaut, Pop-up- und geschützte Radspuren initiiert und Fahrradstraßen eingerichtet. Seit 2014 sorgt eine wachsende Polizei-Fahrradstaffel in der Innenstadt für mehr Sicherheit im Berliner Straßenverkehr.

HÖHENPROFIL – HÖHEN... WAS?

Was das Höhenprofil anbetrifft, ist Berlin eine sehr entspannte Stadt zum Radfahren. Daher sind viele der Touren auch sehr gut für Familien mit Anhänger geeignet. Der Fahrradalltag im geschäftigen Stadtverkehr kann definitiv anstrengender sein als die kleinen Anstiege – die größte Herausforderung sind steile Brücken oder

ALLES RUND UMS FAHRRAD- FAHREN IN UND UM BERLIN: WIE DIE FAHRRADKULTUR IST UND WAS DICH ERWARTET

Wege vom Zentrum in den Prenzlauer Berg. Unsere „Berge" sind meist künstlich erschaffene Trümmerberge und ansonsten gibt es nur leichte Steigungen zu bewältigen. Berliner, die mit dem Fahrrad hoch hinaus möchten, klettern dafür die paar vorhandenen Erhebungen mehrfach hoch. Zum Bergfahren suchen Berliner ansonsten das angrenzende Brandenburg ab. Zumindest hat uns hier die Eiszeit ein paar glaziale Rinnen geschaffen, in denen wir mit etwas Suchglück auch ein paar Höhenmeter sammeln können. Die Touren in diesem Buch bieten eine bunte Mischung aus all dem. Die Angaben zur Tourdauer orientieren sich dabei grob an einer Durchschnittsgeschwindigkeit von ca. 15 km/h.

DIE FREUDEN UND LEIDEN DES BERLINERS AUF DEM RAD – EIN JAHRESZEITENSPIEL IN 2 AKTEN

Berliner Sommer können genauso heiß und lang sein wie die Winter kalt und feucht. Bei den ersten warmen Sonnenstrahlen im Frühjahr füllen sich die Parks und Radwege mit Sonnenhungrigen. Im nebeligen, grauen Spätherbst geht man nur auf die Straße, wenn man unbedingt muss. Irgendwas haben Berliner immer zu meckern, doch wenn sie sich einmal überwunden haben, regelmäßig durch Berlins Straßen zu radeln, dann machen sie das ganzjährig. Ob mit grellgelber Warnweste, Ganzkörper-Lycraoutfit oder mit Pudelmütze und Wollmantel, die Outfitwahl ist mindestens ebenso vielfältig wie die Stadtbewohnenden, die Fahrräder und das Alter der Radfahrenden.

MIT RAD UND BAHN

Das Fahrrad gehört zum Berliner Stadtbild, auch wenn das Wetter mal ungemütlicher wird. Die Alternative bei Minusgraden, in der stickigen, überheizten und vollen S-Bahn zu hocken, macht die Entscheidung fürs Fahrrad noch einfacher. Wenn das Rad mal mit in die Bahn soll, geht das mit einem Ticket (1,40–6 €, vbb.de) in S- und U-Bahn als auch Tram in den vorgesehenen Bereichen ganztägig. Nur zu Stoßzeiten des Berufsverkehrs ist aus Platzgründen davon abzuraten. In Bussen in Berlin darf man keine Räder mitführen, Ausnahmen gelten in einigen Regionen in Brandenburg. Wer keine Lust auf Rad und Bahn hat, kann sich an vielen Orten Räder leihen.

GELIEHENE MOBILITÄT AN JEDER ECKE

In Berlin hat man besonders innerhalb des S-Bahnrings die Qual der Mobilitätswahl. Sharing-Anbieter stellen E-Tretroller und Leihfahrräder mittlerweile an jede Ecke. Wer also kein eigenes Gefährt dabei hat, wird schnell fündig. Auch zahlreiche Radverleihe und Tourenanbieter wie Berlin on bike (ab ca. 15 €/Tag, berlinonbike.de), die neben Fahrrädern auch die Radausstattung für die ganze Familie bereithalten, bringen Besuchende fix auf die Räder. Einen praktischen Überblick über Bikesharing-Anbieter in Berlin und Brandenburg gibt die Multi-Mobilität-Auswahl der Karte auf der Website des VBB (vbb.de/fahr-info). Immer mehr Lastenräder rollen durch die Stadt, ob geschäftlich zum Ausliefern von Paketen oder privat. Wer kein eigenes hat, kann es sich beim freien Lastenradverleih fLotte (flotte-berlin.de) auf Spendenbasis leihen – ein gut angenommenes, gefördertes Projekt vom ADFC Berlin, das das Sharing-Modell auf die nächste Stufe hebt. (Quelle: nationaler-radverkehrsplan.de/de/infografiken-zu-radschnellwegen)

FACTS
BERLIN & UMGEBUNG

840 KM
so viele Radwege-Kilometer hat Berlin, das gesamte Straßennetz hat 5.400 Kilometer

891,69 KM²
Fläche hat Berlin.
Brandenburg: 29.654,16 km² Fläche

3,67 MIO.
Einwohner hat Berlin.

Berlin ist Regierungssitz und größte Stadt Deutschlands.

Brandenburg hat 2,53 Mio. Einwohner.

1/3
Rund ⅓ der Fläche Brandenburgs sind Landschaftsschutzgebiete.

14 MIO.
Fast 14 Mio. Gäste besuchten Berlin 2019.

92
Die Schuhgröße der Gold-else auf der Siegessäule im Großen Tiergarten

300 HA
Das Tempelhofer Feld ist eines der größten städtischen Freigelände weltweit.

1.361 M
Die East Side Gallery ist die längste Open-Air-Galerie der Welt.

F24
Die F24 über die Müggelspree ist die kleinste und einzige BVG-Ruderfähre der Stadt.

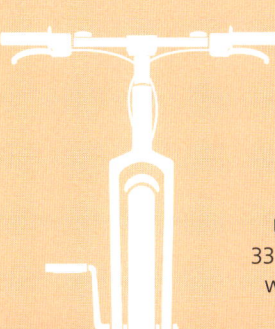

3.000 33.000
Über 3.000 Seen und 33.000 Kilometer Wasserwege hat Brandenburg

RAUSZEIT-HIGHLIGHTS

FÜR KINDER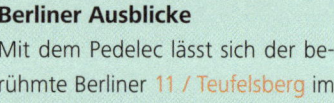

Bauernhof in der Stadt
Der 9 / Kinderbauernhof Pinke Panke lässt Kinderherzen höher schlagen – beim Tiere füttern, Basteln und Entdecken.
Tour 1 // Seite 13

Badespaß an Berliner Seen
Ein Sprung ins kühle Nass, wie im 6 / Strandbad Grünau mit Spielplatz und Kletterhalle, belohnt für jeden geradelten Kilometer.
Tour 13 // Seite 116

Im Familiengarten
Auf Entdeckertour durch den ehemaligen Landesgartenschau-Park 7 / Familiengarten Eberswalde.
Tour 19 // Seite 185

Tiere entdecken
Im 13 / Wildpark Schorfheide mit über 7 km Wegenetz kommt die ganze Familie auf ihre Kosten – beim Entdecken der heimischen Wildtiere, im Streichelgehege oder auf dem Abenteuerspielplatz.
Tour 19 ¹/₂ // Seite 191

FÜR E-BIKER

Berliner Ausblicke
Mit dem Pedelec lässt sich der berühmte Berliner 11 / Teufelsberg im Grunewald besonders unkompliziert erklimmen.
Tour 7 // Seite 62

Brandenburger Berge
In der hügeligen Märkischen Schweiz lohnt der Antrieb umso mehr, inklusive Lademöglichkeit an der Radstation der Touristinfo Buckow.
Tour 14 // Seite 118

Sanfte Hügel der Region
Auf dem teils hügeligen Weg in die 4/BücherstadtWünsdorf-Waldstadt als auch auf dem 8 / Radweg nach Kallinchen ist Motorunterstützung sehr willkommen.
Tour 18 // Seite 168, 170

Natur und Kultur
Die vielfältige Tour auf größtenteils asphaltierten Wegen bietet viele Ladeoptionen unterwegs, wie im 7 / Familiengarten und bei der Touristinfo Eberswalde.
Tour 19 // Seite 185/186

Top für jede Lust und Laune:
Kleine und große Abenteuer,
die besten Einkehrtipps und
entspanntesten Pausenplätze

FÜR SCHLEMMER

Berliner Mischung im Norden

Eine Stadtrunde mit Natur, Sightseeing und reizvollen Pausenoptionen – ob auf ein Getränk im Park oder einen Germknödel bei 12 / häppies.

Tour 1 // Seite 14

Kultur und Genuss

Volksfestatmosphäre beim 8 / Baumblütenfest Werder und regionales Bio-Bier im 12 / Forsthaus Templin: Auf dieser Route kombinieren sich architektonische und kulturelle Vielfalt mit viel Genuss.

Tour 16 // Seite 149/150, 151

Eberswalder Spritzkuchen

Zahlreiche Einkehrmöglichkeiten verlocken zwischen herzhaften Fischgerichten und süßen Brandteigteilchen am 8 / Markt Eberswalde.

Tour 19 // Seite 187

Von Gurken und Plinsen

Ob herzhaft oder süß, die Spreewaldküche bietet Abwechslung und Genuss, wie beim 9 / Café an der Spree in Schlepzig.

Tour 20 // Seite 203

FÜR RUHESUCHENDE

Stadtrandromantik

Der schnelle Weg raus aus der Stadt, rein in die entspannte Szenerie auf den 9 / Falkenberger Rieselfeldern – inklusive Sonnenuntergangsbonus.

Tour 2 // Seite 22

Barnimer Natursehnsucht

Tiefe Wälder, artenreiche Natur wie im 3 / NSG Bogenseekette, lange Wegabschnitte abseits vom Straßenverkehr – eine Route zum Abschalten und Natur genießen.

Tour 11 // Seite 96

Naturspektakel

Die Natur rund um den 4 / Löcknitztalweg ist malerisch schön und für Ruhesuchende besonders unter der Woche reizvoll (Foto).

Tour 12 // Seite 106

Zum Sternegucken in den Naturpark

Der Naturpark Westhavelland ist eine der dunkelsten Gegenden Deutschlands und der erste Sternenpark des Landes.

Tour 21 // Seite 214

DAS KRIEGST DU NICHT ALLE TAGE

NEURUPPIN/ WUSTRAU

Seefestival
Open-Air-Theater, Juli–Aug
Seite 156

TOUR 17

ZITADELLE SPANDAU

Citadel Music Festival
Open-Air-Konzertreihe
im Sommer
Seite 65

TOUR 8

BERLINER MAUERWEG, KGA BORNHOLM

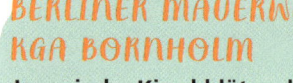

Japanische Kirschblütenallee
Ende April/Anf. Mai
Seite 10

TOUR 1

BERLIN-FALKENBERG

Café Lehmsofa
kanadischer Flair und
leckere Kuchen in der alten
Dorfkate, nur Fr–So
Seite 21

TOUR 2

WERDER (HAVEL)

Baumblütenfest Werder
großes Volksfest zur Obst-
baumblüte, Anf. Mai
Seite 149

TOUR 16

GUT BRITZ, BERLIN-NEUKÖLLN

**Nordische Märchen-
weihnacht**
mittelalterlicher Weihnachts-
markt, an den Advents-
wochenenden
Seite 46

TOUR 5

*Wann am besten wohin?
Alle Events und zeitlich
begrenzten Highlights der Touren
findest du hier.*

TOUR 14

Klassik im Grünen
Sommerkonzerte im Park,
verschiedene Sonntage Mai–Aug.
Seite 128

SCHLOSSPARK BUCKOW

NEUHARDENBERG

Neuhardenberg-Nacht
kostenfreies Open-Air-Fest mit Musik,
Theater- und Performancekunst,
Samstag im Juni
Seite 131

TOUR 14

SCHLOSSPARK BERLIN-KÖPENICK

Köpenicker Winzersommer
kulinarisches Sommerfest mit
Weinen aus Deutschland und
Europa, Ende August
Seite 117

TOUR 13

TOUR 20

Spreewald- und Schützenfest
größtes Volksfest im Spreewald,
erstes Juliwochenende
Seite 198

LÜBBENAU

WEITERE EVENTS

Fahrradfestival VELOBerlin Messe
und Festival rund ums Fahrrad in den
Hangars des ehemaligen Flughafens
Tempelhof, Wochenende im April

Fontane Festspiele Literatur- und
Theaterfestival in Neuruppin, Mai–
Nov.

Musik im Schlosspark Köpenick
Open-Air Musik im Park, freier Eintritt, ab Juni jeden Mi im Sommer

Myfest vielfältiges Volksfest mit
Musik und Bühnenprogramm in
Berlin-Kreuzberg in den Kiezen um
Kottbusser Tor, Heinrichplatz und
Oranienstraße, 1. Mai

Karneval der Kulturen multikultu-
relles kulinarisches Straßenfest mit
Musik und Bühnen in Berlin Kreuzberg, großer Karnevalsumzug am
Pfingstsonntag, jährlich am Pfingst-
wochenende von Fr bis Mo

Festival of Lights kunstvolle Kunstvolle Illumination von Wahrzeichen
und Gebäuden in ganz Berlin, teilweise mit Musik untermalt, Sept.

PACKLISTE

GRUNDAUSSTATTUNG

- [ ] Fahrradhelm
- [ ] Radkleidung
- [ ] Radhandschuhe
- [ ] Radbrille
- [ ] Trinkflasche
- [ ] Fahrradschloss
- [ ] Handy
- [ ] Karte/Navigationsgerät
- [ ] Fahrradlicht, Ersatzakku/-batterie
- [ ] Erste-Hilfe-Set

TAGESTOUR

- [ ] Regenkleidung
- [ ] Wechselkleidung
- [ ] Reparaturset: Ersatzschlauch, Werkzeug
- [ ] Luftpumpe
- [ ] Packtaschen klein
- [ ] Verpflegung: Snacks, genügend Wasser
- [ ] evtl. wasserdichte Handyhülle

BIKEAWAYTOUR

- Zahnbürste
- Waschbeutel
- Packtaschen groß
- evtl. Zelt
- evtl. Schlafsack
- evtl. Kompass
- Handyladegerät

REISE-APOTHEKE

Pflaster & Blasenpflaster, Mückenschutz, Sonnenschutz, Zeckenkarte

RADCHECK

findest du auf der nächsten Seite

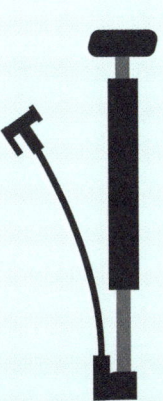

RADCHECK

EINFACH ERKLÄRT MIT PROFI-TIPPS

✓ Picobello: Reinigung des Fahrrads

Ein sauberes Fahrrad lebt länger und dir fallen beim Putzen Defekte auf. Daher ran an den Schwamm und die milde Seife oder den Fahrradreiniger und losgelegt! Wenn das Fahrrad getrocknet ist, mit einem sauberen Lappen Wasserränder wegpolieren. Handarbeit ist angesagt – ein Hochdruckreiniger ist tabu, da er auch Fett und Öl entfernt und Wasser in empfindliche Teile eindringen kann.

Tipp: Für verwinkelte Teile ist eine alte Zahnbürste praktisch.

✓ Pralle Geschichte: Die Reifen

Um grob den Reifendruck zu überprüfen, mach die Daumenprobe: Lässt sich der Reifen mehr als 1 cm eindrücken, musst du pumpen. Angaben zu Mindest- und Maximaldruck findest du auf der Reifenflanke. Für wenig Rollwiderstand auf befestigten Straßen orientiere dich an der oberen Grenze, wenn du auf unbefestigen Wegen unterwegs bist, an der unteren. Je schmaler der Reifen und je höher das Gesamtgewicht, desto mehr Luftdruck ist nötig. Am einfachsten lassen sich die Reifen mit einer Standpumpe mit Druckmesser aufpumpen.

Tipp: Fahrradgeschäfte bieten machmal vor Ort gratis Pumpen zum Selbermessen und -aufpumpen an.

Nimm auch das Reifenprofil unter die Lupe: Entferne eventuelle Steinchen oder Scherben und halte nach Rissen oder Schnitten Ausschau. Wenn das Profil zu brüchig oder stark abgefahren ist, brauchst du einen neuen Mantel.

✓ Läuft wie geschmiert: Kette reinigen und ölen

Fürs Reinigen zuerst mit einem trockenen Tuch Kette von altem Fett und Schmutz befreien, indem du am Pedal drehst und so die Kette durch das Tuch ziehst. Den feinen Zwischenräumen kannst du wieder mit der Zahnbürste zu Leibe rücken. Danach Kettenöl, am besten biologisch abbaubares, auftragen, indem du es hinten auf die Kette träufelst, während du sie mit dem Pedal durchdrehst. Kurz einwirken lassen, dann mit einem Lappen das überschüssige Öl von der Kette abziehen.

Tipp: Hast du eine Kettenschaltung, schalte einmal alle Gänge durch, damit sich das Öl auf allen Zahnrädern verteilt.

Eine gut geölte Kette und der richtige Reifendruck machen außerdem ein E-Bike leichtgängiger, was die Akku-Reichweite erhöht.

Schraube locker?

Prüfe regelmäßig die Schraubverbindungen der Steuerung (Lenker, Vorbau und Steuersatz), Laufräder, Pedale, Sattelklemmen und Anbauteile wie Schutzbleche und Gepäckträger.

Tipp: Legst du selbst Hand an, ist ein Drehmomentschlüssel am besten, damit du die Schrauben entsprechend den Drehmomentangaben für dein Fahrrad nachziehen kannst.

Nichts kann dich stoppen, außer: die Bremsen

Prüfe, ob vordere und hintere Bremse einen gleichmäßig starken Druckpunkt haben. Öffne und schließe die Bremsen auch im Stand. Wenn bei hydraulischen Bremsen mehrmaliges Pumpen für einen soliden Druckpunkt erforderlich ist oder sich der Hebel bis zum Lenker durchziehen lässt, muss das System entlüftet werden. Wenn bei mechanischen Felgenbremsen die Bremsarme nicht gleichmäßig arbeiten, einstellen (lassen). Sind die Verschleißindikatoren auf den Bremsbelägen, kleine Rillen im Gummi, verschwunden, müssen die Beläge getauscht werden. Den Verschleiß von Scheibenbremsen kannst du bei relativ neuen Belägen mit einer Taschenlampe von oben durch den Schlitz im Sattel prüfen. Bei älteren und dünneren Belägen müssen die Räder zur Sichtprüfung ausgebaut werden.

Tipp: Gegen Verschmutzung und Korrosion der Bremszüge bei mechanischen Bremsen hilft ein Spritzer Teflonspray in die Enden der Außenhüllen. So gleiten die Kabel besser in ihrer Hülle.

Damit dir ein Licht aufgeht: die Beleuchtung

Weil's am Abend auch schon mal später werden kann und du auch am Rückweg sichtbar sein möchtest: Sind Lichter und Reflektoren vorhanden und funktionieren sie?

Für alle mit extra Antriebskraft: Akku & Motor

Bei längerer Nichtnutzung, zum Beispiel in der Winterpause, achte darauf, dass sich der Akku nie tiefenentlädt. Korrosionsspuren bei den Steckverbindungen mit einem speziellen Kontaktspray entfernen. Fallen dir Schäden am Motorgehäuse auf, am besten schnell in eine Fachwerkstatt.

Los geht's!

IMPRESSUM

© KOMPASS-Karten GmbH
Karl-Kapferer-Straße 5
A-6020 Innsbruck
www.kompass.de

1. Auflage 2022 (22.01)
Verlagsnummer 3801
ISBN 978-3-99121-409-0

Text und Fotos (soweit nicht anders angegeben): Juliane Schumacher

Vielen, vielen Dank ans Dreamteam Johanna und Timo für eure Unterstützung sowie ein dickes Dankeschön an Eva für dein großartiges Tourenfeedback. Ihr wart mir eine große Hilfe! Und Jan – deine Begleitung hat nicht nur das ein oder andere Tourenscouting so viel schöner gemacht, du hast mich auch immer wieder aufgemuntert, wenn ich es gebraucht habe. Danke <3!

Titelbild: Brandenburger Tor, Berlin (@ sborisov – stock.adobe.com)
Fotos: © Jan Bubenik (2, 24, 27 ob., 27 Mitte, 28, 29, 227); © Johanna Jahnke (67 Mitte); mauritius images: © Westend61 / Big Man (90); stock.adobe.com: © Agentur Kröger – stock.adobe.com (240), © Anke Thomass– stock.adobe.com (121), © ebenart – stock.adobe.com (43 Mitte, 97), © EKH-Pictures – stock.adobe.com (137), © holger.l.berlin – stock.adobe.com (204 Mitte), © INA LICHTENBERG BERLIN DE – stock.adobe.com (200), © Jaanmr_photo – stock.adobe.com (134), © jessicahyde – stock.adobe.com (div. Seiten), © JFL Photography – stock.adobe.com (225), © Karin Jähne – stock.adobe.com (183), © Karl-Heinz Spremberg – stock.adobe.com (84), © Konrad Weiß – stock.adobe.com (87), © Monika Wisniewska – stock.adobe.com (237), © Oleksandr Prykhodko – stock.adobe.com (80/81), © Peter – stock.adobe.com (117), © Rico Ködder – stock.adobe.com (199), © Sina Ettmer – stock.adobe.com (150), © Stephan Röger – stock.adobe.com (69), © TeleMakro Fotografie – stock.adobe.com (100), © Thomas Jablonski – stock.adobe.com (130), © Tilo Grellmann – stock.adobe.com (185), © WKBILDER – stock.adobe.com (187), © www.tilo-grellmann.de – stock.adobe.com (201)

Gestaltung / Illustration – Composing / Agenten und Freunde Iris Streck München

Illustrationen: Adobe: © Azar – stock.adobe.com, © askaja – stock.adobe.com, © mtmmarek – stock.adobe.com, © val_iva – stock.adobe.com; creativmarket: © amber&ink, © NassyArt
Illustrierte Karten und zugehörige Miniaturen, wenn nicht anders angegeben / Agenten und Freunde Martina Dobrindt München
Miniaturen auf Karten: Adobe: © elvil – stock.adobe.com (Hirsch), © val_iva – stock.adobe.com (Ente/Seerosen, Ente/Rohrkolben, Heide); Designed by Freepik: © macrovector (Schiff); Shutterstock: @ popcic/Shutterstock.com (Kanu)
Grafische Herstellung: KOMPASS-Karten
Karten: © KOMPASS-Karten GmbH unter Verwendung OpenStreetMap Contributors
(www.openstreetmap.org)

Erzähl uns von deinen Abenteuern auf Instagram und Facebook mit: #folgedeinemKOMPASS

EINMALIG IN MITTELEUROPA

Im malerischen Biosphärenreservat Spreewald lässt es sich zwischen Spreefließen und einzigartiger Landschaft herrlich radeln – und schlemmen.

Tour 20 // **Seite 195**

BERLINS ZWEITHÖCHSTER BERG

Nicht nur der großartige Ausblick vom 11 / Teufelsberg im Grunewald lohnt den Anstieg, auch die Gebäude der ehemaligen Abhöranlage und die Street-Art-Murals sind sehenswert.

Tour 7 // **Seite 62**

TOUR 19

INDUSTRIEDENKMAL

1934 war das 9 / Schiffshebewerk Niederfinow das höchste Hebewerk der Welt – die Anlage ist noch immer in Betrieb und beeindruckt nach wie vor.

Seite 187

BAROCKPRUNK UND PRACHT

Die imposanten Bauwerke der Potsdamer Barockwelt sind beeindruckend. Ob 5 / Schloss Sanssouci oder 6 / Neues Palais, man kommt aus dem Staunen gar nicht mehr heraus.

Tour 16 // **Seite 146, 148**

GRUSEL UND FASZINATION

Ein besonderes Erlebnis und gruselige Einblicke in einen ehemaligen Lost Place bietet hoch in den Baumkronen der 3 / Baumwipfelpfad Beelitz-Heilstätten.

Tour 15 // **Seite 138**

IN DIE HEIDE

Die Naturpracht Brandenburgs zeigt sich in vielen Facetten. Die wunderschöne Trocken- und Heidelandschaft 10 / Schönower Heide mit ihrem Wildgehege ist ein vielfältiges Beispiel.

Tour 11 // **Seite 100**